AF234691

Kai Aselmeyer

New Work – Old School

Kai Aselmeyer

New Work – Old School

Was unsere Kinder für die Arbeitswelt von
morgen wirklich brauchen werden

Dieses Buch ist auch als E-Book erhältlich.

Bibliografische Information der Deutschen Nationalbibliothek:
die Deutsche Nationalbibliothek verzeichnet diese Publikation
in der Deutschen Nationalbibliografie; detaillierte bibliografische Daten sind im Internet über dnb.dnb.de abrufbar.

Coverdesign: © Aselmeyer / Bütefisch Marketing

1. Auflage
Taschenbuchausgabe Juni 2020
Herstellung und Verlag: BoD - Books on Demand, Norderstedt

Printed in Germany
ISBN 978-3-751-95087-9
www.BoD.de

Für meinen Sohn Tim

… der heute 4 Jahre alt ist und vermutlich in spätestens 20 Jahren in den Arbeitsmarkt eintreten wird.

Das macht mir Sorgen, denn ich bezweifle, dass er mit unseren heutigen Lehrplänen und Methoden gut auf das Jahr 2040 vorbereitet sein wird.

Im Jahre 2062 wird er dann so alt sein wie ich heute: 47. Und er wird spätestens dann erleben, dass Soft Skills das sind, was Menschen in einer hochautomatisierten und von künstlicher Intelligenz betriebenen Welt auszeichnet – vor allem aber, was sie mehr denn je erfolgreich sein lässt.

Kai Aselmeyer, im März 2020

Inhalt

Vorwort

Unsere Welt befindet sich in einem radikalen Wandel. Nicht nur das Corona-Virus, das während der letzten Korrekturen dieses Buches die Welt in Atem hält, sondern auch die vierte industrielle Revolution, die ja schon mindestens zehn Jahre in vollem Gange ist, werden die Welt verändern.

Der Unterschied zu früheren massiv einschneidenden Ereignissen ist, dass diese nicht annähernd die Macht hatten, wirklich alles auf den Kopf zu stellen. Wir stehen vor dem Eintritt in eine Zukunft, die so anders als die Gegenwart heute sein kann, dass es im Prinzip keine Vorbereitung darauf gibt. Umso dringender ist es, dass Politik und Gesellschaft sich überlegen, in was für einer Welt wir 2040 ff. leben wollen. Welche Werte, welche Freiheiten wollen wir erhalten und auch schützen gegenüber scheinbar grenzenloser technologischer Entwicklung, die in unser aller Leben eingreift?

Insbesondere unseren Kindern jedoch sollten wir die Chance geben, sich auf ein Leben mit vielen Überraschungen und Veränderungen vorzubereiten. Dafür werden Mathematik, Fremdsprachen und die souveräne Bedienung eines Smartphones nicht ausreichen.

Im Mai 2019 hatte ich die Freude und Ehre, bei einem TEDx-Event an der Universität Karlsruhe (Karlsruher Institut für Technologie, kurz KIT) sprechen zu dürfen. Als Feedback zu dem Talk und seiner Hauptthese „Soft Skills werden Hard Skills" erreichte mich große Zustimmung – insbesondere bezogen auf die Aussage, dass die Inhalte unserer Schulbildung reformiert werden sollten.

Nach einigen Recherchen stellte ich fest, dass das Thema Schule und Bildung während der letzten Jahre sehr wohl immer wieder in Buchveröffentlichungen aufgetaucht ist. Jedoch wurde bisher keine Brücke zwischen Schule, Universität und Arbeitswelt geschlagen. Und vor allem nicht aus Sicht einer zukünftigen Arbeitswelt 4.0 gefragt, was ein Absolvent in 20 Jahren eigentlich mitbringen soll?

Das Besondere beim Thema (Schul-)Bildung ist ja, dass diejenigen, die es wirklich betrifft, noch viel zu jung sind (die Schüler), viel zu wenig involviert (die Eltern) oder eben zu sehr Teil des Systems, um dagegen zu protestieren oder sich Gedanken darüber zu machen, wie es eigentlich sein müsste. Und während die Politik sich vor allem mit ideologischen Debatten und Experimenten von der Dauer einer oder zweier Legislaturperioden beschäftigt, rennt die Zeit davon.

Dieses Buch will zeigen, was in der Arbeitswelt der Zukunft passiert. Unternehmen rüsten sich schon heute genau dafür. Dabei investieren sie in ihre Mitarbeiterinnen und Mitarbeiter sowie in ihre Führungskräfte.

Aber was ist mit dem Nachwuchs? Wäre es nicht richtig und sinnvoll, diesen gleich so vorzubereiten, dass er nicht noch einmal – zum dritten Mal nach Schule und Ausbildung bzw. Studium – geschult werden muss?

Wir brauchen dringend eine Bildungsreform, denn unsere Kinder lernen heute immer noch das, was sie im vergangenen Jahrhundert und bisher gut gebrauchen konnten und können, aber nicht, was sie in ihrem Berufsleben des Jahres 2040 und danach brauchen werden. Wir müssen vielleicht nicht alles anders machen, aber grundlegend reformieren, Schwerpunkte verschieben und neue Inhalte einführen.

1. Stell dir vor, alles verändert sich – nur der Lehrplan nicht

Dass sich unsere Welt in einem radikalen Wandel befindet, wird niemand ernsthaft bestreiten, der aufmerksam die Politik, die Wirtschaft und die technischen Entwicklungen beobachtet oder einfach mal zurückdenkt, wie unsere Welt und unser Alltag um die Jahrtausendwende herum ausgesehen haben.

Darauf hat uns niemand vorbereitet. Und die Auswirkungen, die dieser – insbesondere technologische – Wandel auch auf Unternehmen hat, sind gravierend. Sie sind so gravierend, dass gerade in den Führungsetagen ganz neu gedacht wird. Neue Formen der Zusammenarbeit, der Persönlichkeitsentwicklung und selbst Themen wie Achtsamkeit sind plötzlich nicht mehr „nice to have" oder gar „esoterischer Unsinn", sondern werden ernsthaft diskutiert und Führungskräften aller Ebenen in Seminaren und Trainings nahegebracht.

Wie kommt das?

Was wir lernen, ist der Umgang mit komplizierten Systemen und Problemen

Wir alle wurden in der Schule und auch in der Ausbildung oder im Studium darauf getrimmt, keine Fehler zu machen. Und es wurde uns vor allem beigebracht, dass das Ursache-Wirkung-Prinzip gilt, dass wir also, entsprechende Zeit und Sorgfalt vorausgesetzt, einen Prozess Schritt für Schritt nachvollziehen können.

Wir wurden darin geschult, komplizierte Probleme zu lösen. Eine Mathematikaufgabe ist so ein kompliziertes Problem. In einem technischen Studium oder in der Informatik lernt man, komplizierte Probleme zu lösen.

Komplizierte Problemstellungen zu lösen ist das, was in den letzten einhundert Jahren Industriegeschichte in erster Linie von den Mitarbeitern zu bewältigen war. Dazu gehört z. B. der Aufbau einer Fertigungslinie in einer Fabrik. Generell ist damit die Fähigkeit gemeint, Prozesse und Abläufe möglichst effizient und fehlerfrei zu gestalten.

Ein Fließband, an dem Flaschen gewaschen, gefüllt, etikettiert, verschlossen und verpackt oder in Kisten gestellt werden, ist sicher ein hochkompliziertes System. Es ist nicht einfach, eine solche Anlage in all ihren Funktionen und Abläufen zu verstehen.

Abb. 1 – Getränkeabfüllanlage

Der beste Ingenieur der Welt würde sicher Wochen brauchen, um sie komplett zu erfassen und in all den technischen Details und Abhängigkeiten nachzuvollziehen.

Aber: Man KANN sie verstehen. Denn diese Anlage ist planbar, steuerbar, beschreibbar, sie folgt einer Logik, einem Ablauf und technischen bzw. physikalischen Gesetzen und somit dem eingangs erwähnten Ursache-Wirkung-Prinzip.

Unsere Schulen, Berufs- und Hochschulen, sind vor allem darauf ausgerichtet, dass ihre Absolventen solche komplizierten Anlagen verstehen lernen. Und dass sie Systeme und Probleme aller Art begreifen, damit umgehen und für einen optimalen Betrieb sorgen, bzw. auftretende Herausforderungen meistern können. Das ist richtig und wichtig und hat die deutsche Industrie so stark und erfolgreich gemacht.

Auch Manager müssen noch mal die Schulbank drücken

So weit, so gut. Aber wo bitte liegt denn jetzt eigentlich das Problem? Das Problem besteht darin, dass die Welt sich mehr und mehr wandelt und die jetzigen Herausforderungen nicht mehr nur die der letzten 100 Jahre sind, nämlich komplizierte Systeme zu beherrschen, sondern diese zunehmend darin bestehen, komplexe Systeme zu verstehen und sich darin zu bewegen.

Und da wir – wie schon eingangs erwähnt – alle (und eben auch unsere Führungskräfte, Firmenchefs, Spitzensachbearbeiter usw.) vor allem gelernt haben, komplizierte Probleme zu lösen, herrscht in den Führungsetagen der Unternehmen häufig Ratlosigkeit und Angst. Die Angst, Fehler zu machen und Fehlentscheidungen zu treffen, ist größer denn je.

Warum? Weil entgegen früherer Tage die Innovationsgeschwindigkeit, die Ansprüche der Kunden und die weltweite Konkurrenz nicht mehr die Planungssicherheiten und Zeiträume hergeben, die man früher hatte. Und deswegen trainieren Berater wie ich Führungskräfte, aber auch ganz normale Mitarbeiter darin, wie man in komplexen Systemen und Situationen handlungsfähig und erfolgreich bleibt.

Komplex – was heißt das eigentlich genau?

Was ist denn nun eigentlich der Unterschied zwischen einem komplizierten und einem komplexen System?

Die Getränkeabfüllanlage (Abb. 1) ist ein kompliziertes System.

Abb. 2 – Spaghetti in kochendem Wasser

Dieser Topf mit kochenden Spaghetti stellt ein komplexes System dar. Denn es ist nicht möglich, vorherzusagen oder zu berechnen, wo welche Spaghetti wie und in welcher Krümmung nach 10 Minuten Kochen im Topf liegen werden.

Ein weiteres Beispiel für ein hochkomplexes System ist das Wetter. Trotz leistungsfähigster Großrechner und intelligenter Simulationssoftware – das Wetter wird auch heute noch nicht längerfristig zuverlässig vorhergesagt. Ich traue der Vorhersage jedenfalls höchstens für die nächsten 24 Stunden.

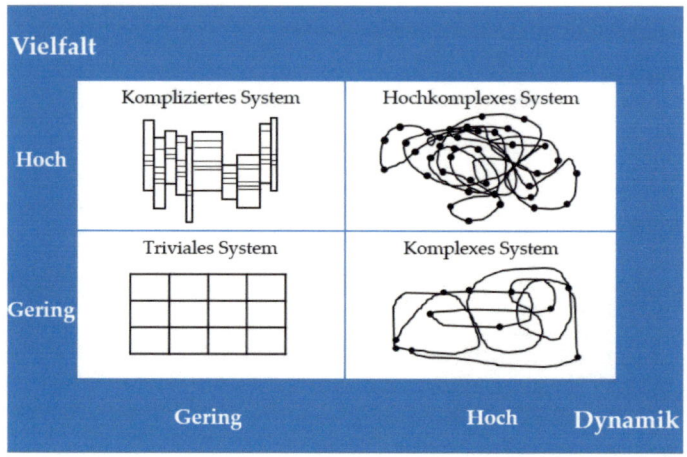

Abb. 3 – Komplizierte und komplexe Systeme

Die Kontrolle abgeben

Charakteristisch für komplexe Systeme oder Probleme ist, dass diese viele verschiedene Variablen aufweisen, die teilweise miteinander verknüpft sind. Es gibt aber keine lineare Abhängigkeit wie bei einem Fließband, wo Schritt für Schritt gearbeitet wird. In der Regel laufen hier zwar auch Prozesse parallel ab, was den Grad der Kompliziertheit erhöht, aber dennoch ist es nicht komplex, weil für sich genommen jeder Teilprozess linear abläuft. Die Elektrik eines Kreuzfahrtschiffes ist hochkompliziert und man kann sich gar nicht vorstellen, wie die Facharbeiter es schaffen, alles richtig anzuschließen. Aber da letztlich jedes Kabel einen Anfangs- und einen Endpunkt hat, der klar definiert ist, ist es „nur" kompliziert.

Existieren solche klaren Zusammenhänge nicht, dann handelt es sich um ein komplexes System. Je höher die Anzahl der Variablen und möglichen Einflussgrößen, desto komplexer, dynamischer und unvorhersehbarer ist, wie diese zusammenwirken.

Da die Deutschen besonders bekannt dafür sind, die Dinge gerne in Ordnung zu bringen und zu halten, zu planen, zu analysieren und exakte Ergebnisse zu liefern, fällt es ihnen (aber auch den meisten anderen Nationen, mit denen ich arbeiten durfte) schwer, diese Unübersichtlichkeit zu akzeptieren.

Komplexität kann man nicht kontrollieren!

Wie wär's mal mit 'ner Bildungsdebatte?

Dieses Buch entstand, weil ich mir die Frage stellte, wieso wir derzeit für viel Geld Führungskräften und Berufstätigen beibringen, anders zu denken und zu handeln, als sie das in der Schule gelernt haben, um in der komplex und unsicher gewordenen VUCA-Welt (Volatility, Uncertainty, Complexity, Ambiguity) zurechtzukommen und nicht den Anschluss zu verlieren, unseren Kindern aber nicht! Dabei werden diese noch viel mehr als wir heute mit künstlicher Intelligenz, noch weiter steigender Automatisierung etc. konfrontiert sein. Im besten Falle hilft dieses Buch, eine Debatte anzustoßen, die aus meiner Sicht aktuell kaum vorhanden ist. Jedenfalls nicht in der Öffentlichkeit und in den Medien.

Wieso gibt es eigentlich nicht mal eine „Hart aber fair"-Sendung zum Thema Bildung? Okay, es gab eine im Zuge der ARD-Bildungswoche im Herbst 2019. Aber dort wurde „nur" viel lamentiert über Löcher in Turnhallendächern und darüber, dass es kaum Tablets oder Internet an den Schulen gibt. Toll wäre eine Sendung über die Inhalte der Lehrpläne. Darüber, dass es „Soft Skills" sind, die uns eines Tages noch von künstlicher Intelligenz und Robotern unterscheiden werden. Diese zutiefst menschlichen Eigenschaften zu fördern, zu entwickeln und ihnen einen großen, auch zeitlichen Raum zu geben, darüber sollten wir diskutieren!

Die allerwichtigste Fähigkeit, die wir in Zukunft brauchen werden, ist aber Wandlungsfähigkeit. Bei den rasanten technologischen Entwicklungen und zwangsläufig folgenden Veränderungen unserer Lebens- und Arbeitsrealität sollten vor allem Offenheit, Neugier, Veränderungsbereitschaft und Handlungsfähigkeit trainiert werden.

Es ist klar, wie schwierig sich eine solch umfassende Reform gestalten würde. Man denke nur an die alle vier Jahre stattfindenden Wahlen und daran, dass eine solche Reform langfristig, mit parteiübergreifendem Konsens durchgehalten werden müsste. Angesichts dessen sinkt der Mut, dass Deutschland eine solch gravierende, zukunftsweisende Reform zustande bringt.

Dabei sind es gerade unsere Politiker, die zeigen müssten, dass man in dieser neuen Welt mutig handeln muss, um nicht abgehängt zu werden. Mut heißt hier auch, gegen Protest und Widerstände zu agieren und diese auszuhalten – mein Eindruck ist aber, dass wir seit Jahren lähmende Debatten und Versprechen hören, aber kaum echtes Handeln stattfindet.

Einzige Ausnahme: Die „Fridays for Future"-Bewegung. Die Schülerinnen und Schüler auf der Straße haben bewirkt, was man schon viele Jahre hätte angehen können: wirkliche Reformen. Über die darauf erfolgten Reformmaßnahmen selbst mag man streiten, aber zumindest wurde endlich gehandelt. Traurig, dass es nur durch diesen Druck möglich war.

2. Vertrauen ersetzt Kontrolle

Probieren geht über Studieren

Zurück in die Unternehmensrealität.

Wenn ich Komplexität nicht kontrollieren, analysieren oder steuern kann – wie bewege ich mich dann in komplexen Systemen, wie führe ich sie und wie löse ich komplexe Probleme?

Das ist die zentrale Frage, die in deutschen (und internationalen) Managementtetagen derzeit häufig gestellt wird. Und die Antwort ist gleichzeitig überraschend einfach, aber auch unheimlich schwierig:

Beobachten. Ausprobieren. Und wieder von vorne.

Es klingt einfach, weil ich im Grunde dafür nicht wirklich Vorbildung brauche. Natürlich ist es hilfreich, wenn ich das System und zumindest viele der Parameter bzw. Variablen, die das System determinieren, kenne. Aber selbst dann weiß ich nicht unbedingt, was durch deren Zusammenspiel herauskommt. Ungewohnt ist vermutlich für die Meisten, iterative Schleifen zu drehen und immer mal etwas ins System zu geben (eine Intervention, eine Information, ein Prinzip) und dann zu beobachten, ob sich etwas ändert, und wenn ja, was sich ändert.

Es ist aber auch ungemein schwierig, weil es bedeutet, dass ich Neuland betrete oder mich auf glattem bzw. dünnem Eis befinde. Und weil es sein kann, dass ich entweder gar keine Veränderung wahrnehme und mich nach wie vor hilflos oder wirkungslos fühle, oder aber, dass ein Experiment schiefgeht und ich den „Schaden" wieder ausbügeln muss.

Fehler sind nicht erlaubt!

Was es vor allem so schwer macht, „einfach mal auszuprobieren", ist, dass wir alle Angst vor Fehlern haben.

Und ja – wenn ich beim Bäcker einkaufe und Brötchen, Croissants und zwei Stück Kuchen mitnehme, dann ist es hilfreich, die Summe der Preise im Kopf zusammenrechnen zu können und zu wissen, dass der Preis stimmt, der mir genannt wird. Wenn ich ein Auto kaufe und die Bremse fehlerhaft ist, sodass ich einen Unfall verursache, weil ich nicht richtig bremsen konnte, so ist das tatsächlich eine furchtbare Sache und unbedingt zu vermeiden – insbesondere, wenn dadurch Menschen oder Tiere zu Schaden kommen.

Sprich: Natürlich gilt es, Fehler möglichst zu vermeiden. Problematisch ist nur, wenn ich dadurch auch den Mut verliere, etwas auszuprobieren, mal etwas zu riskieren.

Sir Ken Robinson, einer der ganz frühen Vordenker und Kritiker des klassischen Schulsystems, hat in einem der meistgesehenen TED Talks aller Zeiten schon 2006 gefragt: „Do Schools kill Creativity?" Ein wichtiger Satz daraus lautet: „If you are not prepared to be wrong, you will never come up with anything original!"

Auch unser Schulsystem und die Lehrpläne tragen dem Rechnung. Was wir alle in der Schule gelernt haben und unsere Kinder heute noch lernen, ist vor allem, dass Fehler etwas Schlechtes, Schlimmes und daher etwas unbedingt zu Vermeidendes sind. Und natürlich hat ein Geschäftsführer eine hohe Verantwortung. Fehler können hier den Betrieb gefährden – und damit auch Familien, die auf ihr Einkommen angewiesen sind.

Loslassen und vertrauen, wertschätzen und zutrauen

Als ehemalige Führungskraft und heutiger Coach von Menschen, die in Chefsesseln sitzen, weiß ich, wie schwer es ist, Verantwortung abzugeben und zu vertrauen.

Wenn man an der Spitze einer Pyramide, sprich einer hierarchischen Organisation steht, dann weiß man, wie sich Verantwortung und Angst vor Fehlentscheidungen anfühlt, unabhängig von der Größe der Organisation. Ich kann mich auch für ein Zehn-Mann-Team und dessen Aufgaben verantwortlich fühlen und schlecht schlafen, wenn es nicht gut läuft. Klar, es hat auch mit der persönlichen Einstellung zu tun. Es gibt Leute, denen sowohl das Unternehmen (sofern es nicht ihr eigenes ist) als auch die Mitarbeiter und Kollegen relativ egal sind. Aber das ist doch eher die Ausnahme.

Wenn ich aber ein verantwortungsvoller Chef bin, werde ich versuchen, diese (Allein-)Verantwortung abzugeben und zu verteilen – auf möglichst alle im Team, in der Abteilung, im Bereich oder Unternehmen. „Möglichst", weil es einfach auch Menschen gibt, die Angst davor haben, Verantwortung zu übernehmen und wichtige Entscheidungen zu treffen. Das muss man wissen und sollte man respektieren.

Aber in vielen Fällen erlebt man als Führungskraft oder Coach außergewöhnliche, tolle Entwicklungen bei Mitarbeitern, denen man wirklich einmal zuhört, deren Ideen man ernst nimmt und denen man einen größeren Spielraum, Entscheidungsfreiheit und mehr Vertrauen entgegenbringt als bisher. Die meisten Mitarbeiter erfahren durch dieses Zutrauen und „ernst nehmen" eine

Wertschätzung, die weder mit Geld noch anderweitig zu erreichen ist.

Zeitenwende

In Zeiten wie jenen, als 1870 in den Schlachthöfen von Cincinnati das Fließband erfunden und damit die zweite industrielle Revolution eingeleitet wurde, entstanden völlig neue Arbeitsrealitäten, -abläufe und -rollen. Vom Handwerk und der Herstellung von Einzelstücken kommend, wurden nun auch komplizierte technische Produkte wie das Auto in Serie gefertigt.

Damals bis heute war das Prinzip im Grunde: Ein paar kluge Köpfe (die Unternehmensgründer und vielleicht noch besonders talentierte Angestellte) wissen, wie es geht, und der Großteil der Belegschaft führt aus, was sie wollen und wie sie es vorgeben. Das funktioniert durchaus bis heute so. Wenn ich einen Handwerksbetrieb leite und tatsächlich ein „Meister meines Fachs" bin, dann macht es durchaus Sinn, hier und da Tipps und Anweisungen oder auch klare Regeln aufzustellen, nach denen gearbeitet werden soll. Im besten Falle würde ein solcher Meister aber dafür sorgen, dass er sich ähnlich gute Mitarbeiter heranzieht, die ihr Handwerk eines Tages genauso gut wie er verstehen und ebensolche Meister werden.

Bei einem kleinen Handwerksbetrieb – oder auch einem Startup – kann das wie gesagt gut funktionieren. Schwierig wird es aber auf jeden Fall dann, wenn dieser Betrieb wächst und eine gewisse Größe überschreitet. Um diesem Umstand Rechnung zu tragen, führt man wiederum Hierarchieebenen, also Führungskräfte unterhalb der obersten Spitze ein, welche im Idealfall ähnlich wie der oberste Chef ticken und in dessen Sinne handeln und führen.

Heute versucht man zunehmend, die Verantwortung und Entscheidungsgewalt nicht nur auf die Führungspersonen zu beschränken, sondern an die Mitarbeiter weiter-, man könnte auch sagen zurückzugeben.

Agilität, New Leadership, New Work

In Führungsetagen, Personalabteilungen, bei Organisationsentwicklern und Beratern kursieren nun schon seit vielen Jahren Begriffe wie VUCA (Volatility, Uncertainty, Complexity, Ambiguity), Agilität, agiles Arbeiten, Schwarmorganisation, kollektive Intelligenz, Selbstorganisation, Scrum, New Work, New Leadership und andere mehr. Auch Fehler-, Feedback- und Vertrauenskultur sind zwar nicht neu, stehen aber mehr im Fokus als je zuvor. (Am Ende des Buches werden die zentralen im Buch benutzten Begriffe in einem

Glossar erläutert.)

Wichtig in diesem Kontext ist aber, zu sagen, dass die Antwort auf Komplexität und die hohe Veränderungsgeschwindigkeit letztlich dadurch gegeben wird, dass statt auf die Genialität einiger weniger auf die Genialität aller Beteiligten zusammen gesetzt wird. Das ist der eine Aspekt, der andere ist, dass Agilität, also Beweglichkeit, Schnelligkeit im Sinne von „am Markt und am Puls der Zeit bleiben", in großen Firmen nur dadurch erreicht werden kann, dass man Entscheidungskompetenz und -gewalt dorthin verlagert, wo die Fragen und die Probleme auftauchen.

Mitarbeiter dürfen ihre Arbeit selbst wählen

Einige mutige Unternehmen erfinden sich komplett neu, indem sie von heute auf morgen Hierarchien abschaffen und den Mitarbeitern erlauben, sich neu zu sortieren und (wenn sie das wollen) sich selbst neuen Aufgaben zuzuordnen.

Klingt erst mal verrückt und nach Chaos – ist es zunächst auch. Aber hier kommt wiederum klar die „intrinsische Motivation" zum Tragen, die gewährleistet ist, wenn Mitarbeiter sich ihre Aufgaben aussuchen dürfen. Von der intrinsischen Motivation spricht man schon lange. Damit ist gemeint: Im Idealfall brauche ich keine Anreize von außen, Geld, Druck, Drohungen oder Belohnung, sondern ich tue das, was ich tue, weil ich es gerne tue. Weil es mich interessiert, weil ich glaube, damit etwas (Gutes) zu bewirken oder weil ich ein Produkt toll finde und gerne daran mitarbeite.

Die Unternehmen, die das wagen, begeben sich auf einen unangenehmen, riskanten und unbequemen Weg. Sie begeben sich in einen Transformationsprozess ihrer Kultur.

Dass es bei einer solch gravierenden Unternehmenstransformation zwangsläufig auch zu Fluktuation kommt – Mitarbeiter also abwandern und sich freiwillig lieber etwas Neues suchen –, ist leicht vorstellbar. Umgekehrt entsteht damit verbunden der Bedarf an neuen Arbeitskräften, aber diese werden dann auch entsprechend ausgesucht bzw. auf das vorbereitet, was sie erwartet. Denn um dieses Modell langfristig zu leben, müssen Mitarbeiter bereit sein, nach ein paar Jahren oder einem Projekt wiederum eine neue Aufgabe zu übernehmen. So ist die ganze Organisation mehr oder weniger permanent im Fluss – agil eben.

Unternehmen, die sich so aufstellen, sind in der Regel erfolgreicher als andere, bzw. als sie es vorher in klassischen Strukturen waren. Und das hat nicht zuletzt den Grund, dass sie Mitarbeiter anziehen und halten können, die sich dieser Kultur und dem Produkt oder der Mission auch wirklich ganz hingeben. Nicht nur um Geld zu verdienen, sondern auch um ein Teil davon zu sein und sich wohl zu fühlen.

Und es gibt viele Nebeneffekte: Motivation von außen ist unnötig. Mitarbeiter, die ab und an die Position wechseln, schauen dadurch automatisch mal „über den Tellerrand" und bringen ihre Sicht und Fertigkeiten aus der vorigen Position mit. Das führt auch zu mehr Toleranz und besserer Zusammenarbeit untereinander. Vertrauen ist zwangsläufig ein Teil dieser Kultur, denn wenn ich Hierarchien abschaffe und Menschen darin bestärke, sich auch in der Mitte des Lebens noch einmal neuen Verantwortungen zu stellen, dann ist das pures Vertrauen. Auch und gerade dann, wenn die neue Aufgabe vielleicht gar nichts oder wenig mit der ursprünglichen Ausbildung des Mitarbeiters oder dessen Tätigkeit der letzten Jahre zu tun hat.

Arbeitnehmer, die ihren Interessen folgen und sich Arbeitgeber bzw. Abteilungen, Projekte usw. aussuchen können, die sie begeistern und inspirieren, denen sie folgen, für die sie gerne arbeiten, sind deutlich leistungsfähiger, außerdem noch gesünder und glücklicher.

3. Schule mal anders

Wenn Schüler sich ihre Lehrer selbst aussuchen dürften

Wenn die soeben beschriebene Freiheit für die Beschäftigten in Unternehmen existiert – was würde es für Schulen, Lehrer und Schüler bedeuten, wenn die Letzteren frei ihren Neigungen nachgehen dürften?

Einer meiner Lieblingsautoren, Andreas Eschbach, der meiner Meinung nach ein Genie und ein Visionär ist, hat dies in seinem Roman „Ein König für Deutschland" beschrieben. Da ich dies selbst nicht besser (oder überhaupt so gut) darstellen könnte, möchte ich hier einen Auszug zitieren, in welchem der Protagonist, ein Lehrer, interviewt wird und eine Bildungsreform skizziert, die dem, was im vorigen Kapitel beschrieben wurde, recht nahekommt:

„In einem ressourcenarmen, hoch entwickelten Land wie Deutschland ist [Bildung] das Fundament von allem, was in die Zukunft gerichtet ist. […] Nun, wie sieht Bildung seit ewigen Zeiten aus? Man schickt Sie in eine Schule, wo Sie, was ein bestimmtes Fach anbelangt, mindestens ein Jahr lang einem einzigen Lehrer ausgeliefert sind, der unterrichtet, was er will, und die Noten gibt, die er will.

Bestimmt nicht der Lehrplan, was unterrichtet wird?

Der Lehrplan sagt, was er unterrichten soll! Was ein Lehrer dagegen tatsächlich tut, wird nicht überprüft.

Und was wollen Sie daran ändern – doch nicht etwa Aufpasser in alle Schulklassen setzen?

Unsinn, das würde nichts bringen, nein, meine Reform besteht aus zwei grundlegenden Neuordnungen: die erste bestünde darin, dass Unterricht und Prüfungen völlig voneinander getrennt werden. So, wie es in Fahrschulen und dergleichen schon lange üblich ist. Die normalen Lehrer würden künftig nur noch unterrichten, während für die Abnahme von Prüfungen andere zuständig sind.

Die Prüfungen wären so zu gestalten, dass der Ablauf der Schuljahre keine Rolle mehr spielt. Idealerweise wird es so sein, dass Sie, um das Abitur zu erwerben, eine festgelegte Abfolge von Prüfungen in bestimmten Fächern bestehen müssen und zwar egal wann. Sie melden sich zu einer Prüfung dann an, wenn

Sie das Gefühl haben, darauf vorbereitet zu sein.

Damit verlangen Sie den jungen Leuten aber viel ab! Im Grunde haben Sie vor, den heutzutage ohnehin schon hohen Druck, der auf ihnen lastet, noch zu erhöhen, indem sie sie dazu zwingen, ständig schwerwiegende Entscheidungen zu treffen.

Abgesehen davon, dass auch Entscheidungen zu treffen etwas ist, das man nicht früh genug anfangen kann, zu lernen, wären das keine schwer wiegenden Entscheidungen. Denn natürlich wird man Prüfungen wiederholen können. Ich sehe nicht, was dagegen spräche, sie beliebig oft wiederholen zu dürfen. Auf diese Weise könnte der Begabte regelrecht zum Abitur oder einem anderen Abschluss rasen, während der weniger Begabte denselben Weg eben langsamer zurücklegt, Stück um Stück – in seinem eigenen Tempo. Das wird den Druck nicht erhöhen, sondern auf ein vernünftiges Maß senken. Ich weiß, wovon ich spreche.

Sie spielen auf Ihre eigenen Erfahrungen als Lehrer an …

Natürlich! Sehen Sie: das Grundproblem der Schule in ihrer heutigen Form ist, dass die eine Hälfte einer Klasse in fortwährendem Stress lebt, weil ihnen alles zu schnell geht, und die andere Hälfte in Langeweile versinkt, weil ihnen alles zu langsam geht. Kein Wunder, dass man mit vorwiegend unguten Gefühlen an Schule denkt.

Aber das müsste nicht sein! Worauf es ankommt, ist doch nur, was man nachher weiß und verstanden hat, nicht darauf, wie viel Zeit man dafür gebraucht hat.

Sie sprachen vorhin von zwei grundlegenden Neuordnungen – was wäre die zweite?

Die zweite Neuordnung besteht darin, dass Schüler künftig den Unterricht besuchen können, wann sie wollen und bei wem sie wollen.

Wann sie wollen? Ich fürchte, wenn Sie das Schülern überlassen, werden sie niemals einen Unterricht besuchen.

Wieso? Das erlebe ich anders. Wenn sich junge Leute für etwas interessieren, Computer z. B., dann kriegen sie überhaupt nicht genug davon, mehr darüber zu lernen.

Das mag auf das Thema Computer zutreffen, aber ich wage zu bezweifeln, dass es auf – sagen wir – Latein zutrifft.

Unterschätzen Sie die jungen Leute nicht. Wenn ihnen klar ist, dass sie das brauchen (und wohl gemerkt, wir sprechen von Kindern und Jugendlichen, die das Lernen weder als langweilig noch als furchteinflößend empfinden), dann kriegen sie das auf die Reihe. Und zu einem großen Teil ist es eine Frage des richtigen Lehrers. Denken Sie an Ihre eigene Schulzeit: welche Fächer haben Sie da fasziniert? Hatte das nicht oft zumindest zum Teil mit dem Lehrer zu tun?

Sie kennen sicher den Spruch, dass Lehren nicht heißt, Köpfe mit Wissen vollzustopfen, sondern die Flamme der Neugier darin zu entzünden. Die jungen Leute werden künftig zu den Lehrern gehen, die das bei ihnen vermögen!

Damit erreichen Sie aber nur, dass die guten Lehrer überrannt werden, während die schlechten allein in leeren Klassenzimmern stehen.

Richtig! Das ist der Sinn der Sache.

Die guten Lehrer mit Mehrarbeit zu bestrafen?

Nein, im Gegenteil! Sie werden belohnt! Denn jeder Schüler wird künftig eine Art Heft mit Gutscheinen erhalten, mit denen er für die einzelnen Unterrichtseinheiten gewissermaßen bezahlt. Auf diese Weise werden gute Lehrer künftig auch gut verdienen, während schlechte Lehrer sich mangels Schülern irgendwann einen anderen Job suchen müssen.

Das ist ziemlich radikal …

Ja. Es wird anfangs ungewohnt sein, aber auf lange Sicht eine Situation schaffen, in der motivierte, selbstbestimmte Schüler die besten Lehrer haben, die verfügbar sind. Wenn das erreichbar ist, braucht man sich um alles Weitere keine Sorgen mehr zu machen." [1]

Leading by Followship

In der modernen Organisations- und Führungskräfteentwicklung nennt man das, was Andreas Eschbach hier beschreibt: „Leading by Followship". Ein Lehrer würde „Follower", also Schüler, die ihm aus freien Stücken folgen, anziehen. Und zwar aufgrund seiner Persönlichkeit, seiner Art zu unterrichten und mit den Schülern umzugehen.

Eine derart mutige Reform in unseren Schulen würde die intrinsische Motivation jedes einzelnen Schülers ansprechen. Allgemeinbildung kann trotzdem erreicht werden, da es entsprechende Pflichtfächerprüfungen braucht. Es wird also nicht so sein, dass jemand z. B. nie Geschichte lernt. Hier sollten schon Mindestanforderungen definiert werden.

Und es hätte den Vorteil, dass auch bei Lehrern die Gesetze des Marktes wirkten. Was für eine Revolution!

4. 245 Jahre Industrie – es lebe die Pyramide

Wie aber sieht es denn in der Mehrzahl der Unternehmen heute aus? Darf dort schon jeder machen, was er will? Und Chefs gibt es auch keine mehr?

Nein. Einige sind auf dem Weg, einige haben sich komplett neu erfunden, aber die große Mehrheit arbeitet noch in den klassischen Strukturen.

Das ist jetzt weder gut noch schlecht, denn zunächst einmal ist es weiterhin wichtig, dass ein Unternehmen wirtschaftlich erfolgreich ist. Und wenn es das ist, dann ist damit der Grundzweck eines Unternehmens, wie er bisher gesehen wurde, erreicht.

Unternehmen arbeiten seit über 150 Jahren gleich

Um 1775 erfand James Watt die Dampfmaschine. Mit dieser Erfindung nahm die erste industrielle Revolution ihren Lauf. Als 1786 in England der erste mechanische Webstuhl erfunden wurde, revolutionierte dies die gesamte Textilindustrie und dadurch etablierte sich auch eine völlig neue Form der Arbeitsorganisation, die rund 100 Jahre Bestand haben sollte.

Diese änderte sich durch die zweite industrielle Revolution – nämlich die Erfindung des Fließbandes in den Schlachthöfen von Cincinatti (1870), dann noch einmal grundlegend.

Die Arbeitsweisen der zweiten industriellen Revolution haben sich aber seitdem, also seit rund 150 Jahren, in den meisten produzierenden Betrieben de facto kaum geändert. Das bedeutet, dass bei all den technischen Fortschritten das klassische, hierarchische System, das mit Einführung des Fließbandes nach der zweiten industriellen Revolution entstand, nicht wesentlich weiterentwickelt wurde. Es ist immer noch eine Pyramide: oben der einsame Chef oder Vorstand und unten die (Mit-)Arbeiter.

Taylorismus – nach wie vor

Frederick W. Taylor beschrieb 1903 die Idee des „Shop Management" – also des Werkstatt- oder Fabrikmanagements, das später auch unter dem Begriff „Scientific Management" oder schlicht „Taylorismus" bekannt wurde.

Als Taylorismus bezeichnet man das „Prinzip einer

Prozesssteuerung von Arbeitsabläufen, die von einem auf Arbeitsstudien gestützten und arbeitsvorbereitenden Management detailliert vorgeschrieben werden. [...] Seit etwa 1970 wird Taylorismus jedoch fast nur noch in kritischem Zusammenhang verwendet. Dabei richtet sich die Kritik vor allem auf folgende Aspekte, die eine flexible Aufgabenerfüllung behindern:

> Detaillierte Vorgabe der Arbeitsmethode: ‚one best way‘,
> exakte Fixierung des Leistungsortes und des Leistungszeitpunktes,
> extrem detaillierte und zerlegte Arbeitsaufgaben,
> Einwegkommunikation mit festgelegten und engen Inhalten,
> detaillierte Zielvorgaben bei für den Einzelnen nicht erkennbarem Zusammenhang zum Unternehmungsziel sowie
> externe (Qualitäts-)Kontrolle." [2]

Letztlich funktioniert ein Industriebetrieb nach wie vor so, dass in der Hierarchieleiter von ganz oben bis unten geplant und durchgeführt wird. Ein Vorstand macht sich darüber Gedanken, ob in ein neues Werk oder den Ausbau eines Werksteils investiert oder ein bestehender Betrieb rationalisiert und optimiert werden soll. Das mittlere Management plant und führt die Umsetzung durch, das untere Management und die Mitarbeiter setzen um, ggf. mit Hilfe von externen Firmen, z. B. einer Baufirma. Geht es um Effizienzprogramme, also letztlich um Rationalisierung und Kostensenkung, so werden meist Ingenieure, Wirtschaftsfachleute oder auch Controller und/oder Berater Ideen entwickeln, wie man einen Produktionsablauf verbessern und verschlanken kann. Lean Management, also die Optimierung von Arbeitsabläufen und Prozessen, ist nichts anderes als die ultimative Form einer solchen Prozessorganisation.

Und all das ist heute nach wie vor Realität in Industriebetrieben. Die Arbeitsschritte und Handbewegungen, die in einer Fabrik stattfinden, werden genau geplant, getaktet und (wie von Taylor beschrieben) mit Stoppuhren gemessen, denn darauf basieren die Wirtschaftlichkeitsrechnungen und Kosten.

Insofern hat sich hier nichts, aber auch gar nichts verändert. Und es funktioniert ja auch! Genau so funktioniert ein profitables Unternehmen, das Güter in Massenproduktion herstellt und konkurrenzfähig sein will, es kann in vielen Bereichen gar nicht anders agieren – gerade da, wo starre Abläufe, klare Prozesse und Prozessschritte Effizienz und Qualität sichern.

Nicht falsch verstehen:

Man bemüht sich seit über 20 Jahren, auch in Produktions-
bereichen mit Fließbändern, eine gewisse Abwechslung für
die Arbeiter zu ermöglichen und z. B. eine Gruppe (für einen
Bandabschnitt) sich selbst organisieren zu lassen. Was in der
Praxis bedeutet, dass die Gruppe sich selbst die nach wie vor
vorgegebene Zeit einteilen kann. Dadurch können in gewis-
sem Rahmen Pausenzeiten für Einzelne oder die Gruppe her-
ausgearbeitet werden. Diese Form der Arbeit soll zudem die
Zusammenarbeit und das Teamgefühl stärken.

Außerdem werden die Mitarbeiter bei Verbesserungsmaß-
nahmen und Optimierungen (Lean Management) meist ein-
bezogen.

Auch sind durch Methoden wie Lean Management oder
Benchmarking und Best Practice mehr und mehr bis ins Detail ausgeklügelte Prozesse eingeführt worden, die letztlich
beschreiben sollen, wie etwas möglichst perfekt und effizient
gemacht wird.

Dass der Mensch, der in diesem Prozess arbeitet, zwangsläufig wenig Spielraum für eigene Entscheidungen, Ideen
und Handlungen hat, liegt auf der Hand. Und viele finden
das auch gar nicht schlimm. Es ist jedenfalls ein Irrglaube,
dass JEDE/R begeistert darüber ist, eigeninitiativ und selbstverantwortlich arbeiten zu sollen.

Routinejobs werden automatisiert

Auch wenn der Begriff Taylorismus schon lange eher kritisch benutzt wird – die Realität eines Produktionsbetriebes mit Fließband wird durch ihn nach wie vor gut beschrieben. Und letztlich geht es bei dieser Arbeitsform vor allem um zwei Dinge: erstens um Effizienz und geringe Kosten und zweitens darum, keine Fehler, also hohe Qualität zu garantieren.

Tatsache ist aber, dass die Produktionslinien, also die Fließbänder und die damit verbundene Arbeit, so ziemlich ausgereizt sind, was weitere Rationalisierung und Optimierung betrifft. Diese Zitrone hat man ausgequetscht und die Versuche, „noch mehr" herauszuholen, führen allenfalls zu hohen Krankenständen.

In den nächsten 20 Jahren werden mehr und mehr Arbeitsschritte solch klar definierter Prozesse durch intelligente Software und automatisierte Hardware – sprich Roboter – ausgeführt werden können.

Sprich: So gut wie alle Routinearbeiten, sich wiederholende Arbeitsschritte, werden durch die Automatisierung wegfallen.

Auch Bürojobs sind nicht mehr sicher

Und nicht nur das. Lange dachte man ja, dass man in den Verwaltungsbüros – in denen man schick angezogen ist und sich den Kaffee nicht mitbringen muss, sondern ihn sich in der Küche aus der Jura-Maschine holen darf – nichts zu befürchten hat. Die Arbeit bzw. die Arbeitsabläufe sind dort oft tatsächlich viel schwieriger zu messen, da sie meistens eine Varianz in Aufwand, Umfang etc. haben.

Aber auch die Büros sind nicht vor intelligenten Algorithmen sicher. Vom Juristen bis zum Betriebswirt und Controller – viele der typischen Aufgaben, die in den letzten 70 Jahren von gut ausgebildeten und bezahlten Menschen erledigt wurden, werden schon heute zu einem Großteil von Software erledigt. Für den Menschen bleiben dabei eher die variierenden 20% eines Vorgangs, die die Software nicht abdecken kann, weil hier individuelle Kompetenz, Einschätzung, Kreativität und Entscheidung benötigt werden.

Ein Beispiel, das zeigt, dass es heute nicht mehr unbedingt zu einem sicheren, gut bezahlten Arbeitsplatz führt, wenn man BWL oder Jura studiert, ist das Startup Juracus aus Schwerte. Juracus entwickelt selbstlernende Software, die automatisiert umfangreiche, komplizierte Verträge prüft, z. B. wenn Unternehmen fusionieren. Denn der enorme Arbeitsaufwand, der hier für Juristen beider Seiten entsteht, ist ein hoher Kostenfaktor.

Das Beispiel zeigt, dass auch Domänen, die sich bislang weit weg von irgendwelchen Automatisierungsgefahren durch Roboter oder Ähnliches wähnten, nicht mehr sicher sind.

Mit anderen Worten: Wir sind technologisch in der Lage, weiterhin Taylorismus in Perfektion zu leben, und zwar besser denn je – nämlich durch Maschinen und intelligente Software. Wenn Produktions-, aber auch Verwaltungsprozesse optimal geplant und strukturiert sind, besteht die Gefahr (oder Chance – je nachdem, wie man das sieht), dass sie durch Software und/oder Robotik erledigt werden können.

Das bedeutet für die Arbeitswelt, dass Menschen vor allem dort noch eine Daseinsberechtigung haben werden, wo sie kreativ sein müssen, wo sie Unregelmäßigkeiten korrigieren, Spezialfälle lösen und wo nicht vorhersehbare Entscheidungen getroffen werden müssen.

Irgendwer muss noch die Roboter füttern

Selbst wenn in 10 oder 20 Jahren alles hochautomatisiert ist – es muss doch weiterhin all die Ingenieure, Techniker und Informatiker geben, die diese Anlagen verstehen, warten, reparieren oder neu aufbauen. Insofern ist unsere heutige Ausbildung geeignet und zukunftsfähig und auch die Wichtigkeit der MINT-Fächer nach wie vor gegeben.

Wir werden auch in Zukunft noch Menschen brauchen, die Mathematik beherrschen, sich in Naturwissenschaften auskennen, Technik und Technologie verstehen, sowie Informatiker, die mit den Maschinen „kommunizieren" können.

Soft Skills und Hard Skills – beide werden gebraucht

Die entscheidende Frage ist doch: Wann brauche ich die eine Fähigkeit: Fehler zu vermeiden und exakt zu arbeiten, und wann brauche ich den Mut, etwas auszuprobieren und evtl. Fehl- oder Rückschläge zu erleiden?

Der ideale Chef oder Mitarbeiter der Zukunft kann beides. Er oder sie kann analytisch denken und Prozesse organisieren und gestalten. Er oder sie hat aber auch kreative, intuitive Fähigkeiten und den Mut, etwas auszuprobieren, zu improvisieren und in ungewissen Gefilden ohne Angst zu agieren. Natürlich gibt es auch heute schon Menschen, die beides können. Aber sie sind eher die Ausnahme.

In der Schule wird vor allem die linke Gehirnhälfte,

also das logische Denken, die Analytik gelehrt und trainiert. Und die Fähigkeit, einen vorgegebenen Stoff (bzw. vorgegebene Abläufe) zu erlernen und anwenden zu können.

Die gute Nachricht ist also: Vieles bleibt beim Alten und wird nach wie vor gebraucht, sowohl was unsere Schulbildung, die Lehre, das Studium, als auch unser aktuelles Berufsleben betrifft.

Außerdem muss ja auch nicht jeder alles können. Wenn ein Team gut gemischt besetzt ist, kann es schließlich die Stärken und Schwächen der Einzelnen nutzen bzw. kompensieren.

Aber wir werden auch Fähigkeiten wie Mut, Intuition, Kreativität, Basteln, Improvisieren, Querdenken, Assoziieren u. v. m. brauchen, um in ungewissen und immer neuen Situationen nicht die Orientierung zu verlieren, um handlungsfähig zu bleiben und nicht in Angst, Zaudern und Frustration zu verfallen, wenn sich ständig etwas verändert.

Lebenslanges Lernen und neu orientieren zu einer Grundfertigkeit erheben

Dass der Mensch ein Leben lang lernen kann, wissen wir. Wir wissen aber auch, dass viele ganz zufrieden in ihrer Routine sind und nach der Ausbildung und beruflichem „Fest-im-Sattel-Sitzen" nicht mehr viel Neues wagen.

Jeder Mensch scheut zu einem gewissen Grade Veränderungen, vor allem dann, wenn sie nicht selbst gewollt und initiiert sind. Veränderungen machen Angst. Aber mit einer hohen Wahrscheinlichkeit werden Veränderungen häufiger werden, bedingt durch die rasante Technologieentwicklung und die damit verbundenen Auswirkungen auf die Arbeitswelt wie auch auf unser Privatleben.

Unsere Kinder sollten unbedingt lernen, wie man sich auf neue Situationen einstellt. Dass es kein Drama ist, dass sie mal eine andere Aufgabe, einen anderen Job als den erlernten übernehmen müssen. Dass sie vielleicht irgendwann in ihrem Berufsleben neu lernen und umschulen müssen. Dass Irrwege, Irrtümer und Fehler kein Weltuntergang und Versagen sind, sondern unvermeidbar in dieser Zukunft schneller Veränderungen.

Eine weitere gute Voraussetzung dafür, ein Leben lang erfolgreich und glücklich zu sein, ist, möglichst früh herauszufinden, wie man tickt. Was man gerne tut. Wofür man sich begeistert. Welche Werte und Ideale einem wichtig sind. Und welche Talente man besitzt.

Ich bin überzeugt: Wer etwas gerne und mit Leidenschaft tut, der wird auch erfolgreich sein.

5. Finde dein Warum

Soft Skills im Zeugnis? Fehlanzeige

Seit vielen Jahren halte ich (unentgeltlich) Vorträge an Schulen oder bin bei Berufsberatungstagen dort vor Ort. Und seit ich Dozent am Karlsruher Institut für Technologie (KIT/Technische Universität Karlsruhe) bin, coache ich Schülerinnen und Schüler sowie Studierende zu der Frage, was eigentlich zu ihnen passt: wie sie ticken, in welchen Rollen, Aufgaben und Kontexten sie sich wohl fühlen, welche Ausbildung oder welches Studium für sie passen würde. Bei den Studierenden geht es eher darum, in welches Unternehmen, in welcher Rolle sie mit ihrem Studienabschluss am besten starten sollen und was sie begeistert, wofür sie brennen.

Dabei kommen wir zwangsläufig auf die ganz individuellen Bedürfnisse, Neigungen, Talente und die Persönlichkeit zu sprechen. Die stehen meist nämlich nicht im Zeugnis und werden einem auch nicht gesagt bzw. hinterfragt. Und dass Schülerinnen und Schüler heute noch früher vor die Entscheidung zur Berufswahl gestellt werden, macht es auch nicht leichter.

Manchmal wünschte ich mir (und die Schüler sich), dass es bis zum Abitur im Zeugnis auch eine Beurteilung in Textform gäbe. In der Grundschule gibt es das noch.

Du kommst hier net rein!

Die Motivation zu der Arbeit mit den Schülerinnen und Schülern sowie den Studierenden rührt auch daher, dass ich leider das für mich völlig Falsche studiert habe: Allgemeinen Maschinenbau, damals noch als Diplom-Studiengang an der TH (heute TU) Darmstadt. Das kostete mich sechs Jahre meines Lebens. Und ich möchte gern helfen, dass das anderen jungen Menschen nicht passiert.

Bei mir kam das so: Eigentlich hatte ich mich sehr ausführlich informiert und wollte nach dem Abitur zum BKA (Bundeskriminalamt), um dort die Kommissarlaufbahn des gehobenen Dienstes zu absolvieren. Das ist eine Ausbildung, die sowohl körperlich-fachliche (Polizeischule) als auch theoretische (Kriminologie und Jura) Inhalte kombiniert. Sie hätte meine Ideale Sinn, Gerechtigkeit und Weltverbesserung befriedigt.

Dummerweise habe ich aber eine leichte Rot-Grün-Sehschwäche. Über Sinn und Unsinn der Regelung, dass dies ein Ausschlusskriterium für diesen Beruf ist, möchte ich jetzt lieber nichts schreiben. Jedenfalls fiel ich durch die körperliche Eignungsprüfung durch. Sportlich und ganz gut in der Schule – und trotzdem durfte ich nicht das werden, was ich werden wollte? Das fand ich ganz schön unfair. Und fiel in ein Loch. Verdrängte einfach, dass ich jetzt was Neues finden musste.

Wer zur Hölle hatte mir noch mal mein ganzes Leben lang eingeredet, ich könne alles werden, was ich nur wollte (wenn ich fleißig wäre)? Böse Lüge das!

Letztlich wusste ich nach meinem Zivildienst immer noch nicht, was ich machen sollte. Jura zog ich in Erwägung, weil man mir sagte, dass ich so vielleicht direkt in den höheren Dienst des BKA einsteigen könne. Auf einer Infoveranstaltung der Uni Mainz sagte dann aber der Referent, dass man für den öffentlichen Dienst, also z. B. um Staatsanwalt zu werden, einen Schnitt von 1,3 brauche. Und dass den nur wenige erreichen würden. Tja …, da dachte ich mir: Das riskiere ich lieber nicht. Gerade bei Jura, wo im Grunde alles zum Schluss entschieden wird – was, wenn ich mit 1,4 abschneide? Würde ich dann als Scheidungsanwalt enden? Nein, das war mir zu riskant. Lotto spielen war noch nie meins.

Falsch abgebogen …

Im Zivildienst hatte ich viel Spaß und auch Zeit, an alten Vespa-Rollern zu schrauben, sie zu restaurieren und – ja, auch zu tunen. Es war und ist einfach toll, wenn man etwas repariert oder restauriert und es anschließend wieder funktioniert und/oder toll aussieht. Als ich damals mit meiner alten Primavera (Baujahr 1971) jedes zweite Mal an der Tankstelle angesprochen wurde (okay, leider nur von Männern), war das einfach nur schön. Lohn für die Arbeit; stolz, so etwas zu besitzen.

Da lag der Gedanke, etwas zu studieren, was in diese Richtung ging, durchaus nahe. Leider wusste ich damals nicht, dass ein Maschinenbaustudium an der Universität so gar nichts mit dem Schrauben an Vespas zu tun hat.

Einzig meine Mutter warnte mich: „Du bist doch kein Maschinenbauer, du bist eher ein Diplomat." (Was auch nicht stimmt, denn diplomatisch zu sein ist noch heute nicht meine Stärke.) „Du könntest Sprachen studieren oder Geschichte, Politik oder etwas Ähnliches."

Sie hatte Recht, meine Talente liegen eher dort. Jedoch war uns beiden klar, dass das im Vergleich zu Maschinenbau unter Umständen eher brotlose Künste wären, und ich sah mich auch absolut nicht an einer Universität, als Lehrer, Übersetzer oder Ähnliches.

So studierte ich also Maschinenbau – und war todunglücklich. Ich quälte mich – inklusive Depressionen – durchs Grundstudium und mir fiel leider weiterhin keine Alternative ein, von der ich hätte sagen können: DAS ist es! Also weitermachen, durchhalten, Zähne zusammenbeißen.

Worin ich wirklich, wirklich gut bin, sollte ich aber erst viel später herausfinden …

Was ist dein Warum?

Wie Sie sehen, weiß ich nur zu gut aus eigener Erfahrung, wie schwierig es ist, herauszufinden, was einem liegt, was man gut kann, und was nicht so sehr – vor allem aber: wofür man brennt.

Es war schon immer toll, in der privilegierten Lage zu sein, sich eine Berufsausbildung, sei es ein Studium oder Handwerk, aussuchen zu können, frei wählen zu dürfen. Da gab es auch andere Zeiten. Insofern könnte man sagen, viele junge Leute haben heute ein Luxusproblem.

Trotzdem: Die Freiheit der Wahl wird schnell zur Qual der Wahl. Und das eigentlich Traurige dabei ist, dass die Noten bzw. Fächer der Schulbildung dabei nur bedingt helfen.

Klar, viele wissen, was sie machen wollen, und bereuen das nie. Herzlichen Glückwunsch! Aber eine – aus meiner Wahrnehmung – steigende Anzahl von Schulabgängern ist vollkommen unsicher, was das Richtige für sie wäre.

Und auch zu Recht: Denn die Diskussionen und Spekulationen, welche Jobs es in Zukunft überhaupt noch geben wird oder ob diese von Künstlicher Intelligenz übernommen werden, ist ja in vollem Gange.

Was mich zu der Frage führt, wieso wir auch hier wiederum einen richtigen Trend in der Arbeitswelt sehen können, nämlich das von Simon Sinek beschriebene „Warum", nichts davon aber in unseren Schulen.

Simon Sinek sagt, dass Unternehmen, die wirklich erfolgreich sind, aus einem Sinn, einem höheren Ziel, Ideal oder Philosophie heraus agieren. Die Mitarbeiterinnen und Mitarbeiter sind automatisch intrinsisch motiviert, weil sie diesem Sinn folgen, ihn verkörpern, ihn leben wollen durch ihre Arbeit. Ein Idealzustand!

Und Simon Sinek hat in seinem Buch „Finde dein Warum" (2018) auch für das Individuum Methoden abgeleitet, um herauszufinden, was eigentlich der Idealberuf für den betreffenden Menschen ist. Wofür er oder sie brennt.

Interessant für den hier behandelten Zusammenhang ist das deshalb, weil hier ein ganzes Wertesystem, persönliche Charaktereigenschaften und eben „Soft Skills" mit ins Spiel kommen, die an bloßen Noten eines Schulzeugnisses nicht abzulesen sind. Denn würden wir unsere Lehrpläne ändern, könnten wir dafür sorgen, dass es auch darum geht, sich selbst kennenzulernen, zu reflektieren, zu verstehen und dabei zu entdecken, wer man ist, wie man sich verhält und wer man sein möchte.

Es macht einfach Sinn, möglichst früh herauszufinden, was zu einem passt, anstatt später im Berufsleben zu merken, dass das, was man gewählt hat, nicht das Richtige ist, und noch einmal neu anzufangen. Ich weiß, wovon ich rede, denn ich habe mich viele Jahre gequält, ob ich das Erreichte wirklich aufgeben und etwas Neues probieren soll oder nicht. Auch heute noch verstehen die wenigsten, wie ich einen sicheren, hoch bezahlten Job mit Dienstwagen und Co. an den Nagel hängen konnte für das Abenteuer Freiberuflichkeit.

„Du bist der geborene Moderator!"

Diesen Satz hörte ich bei unserem allerersten Lehrgang als Trainee eines Automobilherstellers, bei dem ich dann 15 Jahre gearbeitet habe, davon 10 Jahre in einer Führungsrolle. Wir waren eine Gruppe von ca. 15 Trainees, die ein Jahr lang ein übliches Programm durchlief, in welchem man z. B. grundlegende Soft Skills wie Präsentieren und Moderieren lernte und übte. Gut, dass diese Dinge heute schon früh und vielfältig an Schulen trainiert werden – das gab es zu meiner Schulzeit ja gar nicht. Hier hat sich schon etwas Positives getan! Dennoch sind solche Übungen nach wie vor Standardinhalte von Traineeprogrammen für Berufsanfängerinnen und Berufsanfänger.

Für mich begann das Training einen halben Tag später als für alle anderen, da ich morgens noch eine lange geplante Weisheitszahn-OP hatte und mit entsprechend dicker Backe und unter Schmerzmitteln erst am Nachmittag auftauchte.

Die Gruppe war gerade dabei, (An-)Moderation und Moderation von Gruppen zu üben. Und da ich ja extra gekommen war, um nichts zu verpassen und um Zeit mit der Gruppe zu verbringen, war auch ich bald an der Reihe.

Das Trainer-Duo bestand aus einer internen Personalberaterin und einem externen professionellen Schauspiel- und Moderationstrainer.

Als ich fertig war, klatschte er, lachte und sagte: „Kai, du bist ja mal der geborene Moderator! Als ob du täglich und wie selbstverständlich auf der Bühne stehen würdest. Hast du Übung darin? Warst du in einer Theatergruppe oder etwas Ähnlichem? Du bist ein Naturtalent!"

Nein, ich hatte keine Übung darin. Und ich war auch in keiner Theatergruppe. Ich wusste zwar, dass ich nicht auf den Mund gefallen war und in einer Runde durchaus gerne unterhalte, erzähle und die Leute zum Lachen bringen kann, aber dass ein Profi der Meinung war, ich sei ein Naturtalent für den Beruf eines Moderators oder Schauspielers – das war mir noch nie passiert. Und dabei hatte ich durchaus davon geträumt, evtl. Schauspieler zu werden, mich ehrlich gesagt aber nicht einmal getraut, das meinen Eltern zu eröffnen, denn ich weiß, wie das ausgegangen wäre. Und damals hatte ich noch nicht den Mut, meinen Eingebungen, auch gegen jeden Widerstand, zu folgen.

Als Ingenieur im Körper eines Moderators gefangen

Tja, da hatte ich nun ein tolles Feedback zu meinen Moderationsfähigkeiten bekommen, konnte mich aber nicht so richtig darüber freuen. Denn ich hatte schon als Jugendlicher daran gedacht, evtl. zum Fernsehen zu gehen oder Schauspieler zu werden. Allerdings war das damals (ich habe Abi 1992 gemacht) noch ungefähr so, als ob man Astronaut werden wollte. Jedenfalls wenn man aus einer Familie kam, die mit Kunst und Medien so gar nichts zu tun hatte und hat.

Sprich: Da auch das Internet noch nicht wirklich jedermann zugänglich war und im Fernsehen nicht andauernd Shows liefen, die suggerierten, dass eigentlich jeder ins Fernsehen könne, dachte ich – ohne es je zu probieren: Da kommste eh niemals rein …

2003 aber, nachdem ich dieses Feedback bekommen hatte, recherchierte ich im Internet und führte sogar einige Telefonate, in denen aber relativ schnell klar wurde: Eine Volontariatsstelle beim Fernsehen oder Rundfunk zu finden war gar nicht so leicht. Und wenn schon Germanistik- und Medien-Studierende da kaum eine Chance hatten, wieso dann ein schon 30-jähriger Ingenieur, der glaubte, ein Naturtalent zu sein? Letztlich erschien mir der Weg zu unwahrscheinlich, als dass ich ihn hätte gehen können, und deshalb verwarf ich diesen Wunsch wieder.

So hatte ich also einen großen Schritt dahin getan, mein „Warum" zu finden … aber wirklich gegangen bin ich ihn erst viel später.

6. Ich hätt' mein Studium nicht gebraucht ...

Die Angst, eigentlich gar nichts zu können

Bevor ich anfing zu arbeiten, hatte ich echte Angst. Angst, dass ich doch eigentlich gar nichts weiß und kann. Und dass „die in der Firma" bestimmt wahnsinnig kluge Eingebungen, Lösungen etc. von mir erwarteten und ein ausgeprägtes und breites technisches Wissen.

Das war Gott sei Dank nicht der Fall. Man könnte fast sagen: im Gegenteil. Ich habe eigentlich GAR NICHTS von meinem Studium gebraucht.

Der Start ins Berufsleben

Meine erste berufliche Station bei einem Softwarehersteller mit ca. 150 Mitarbeitern verließ ich bald wieder. Ich schrieb für diese Firma eine Diplomarbeit in Boston und begann mein Berufsleben in deren Zentrale in Karlsruhe. Aber nicht, weil es das war, was ich unbedingt machen wollte, sondern weil ich einfach gar nicht wusste, wo ich hinwollte. Kein Wunder, wenn dir das Studium keinen Spaß macht und Vespas in Deutschland nicht mehr gebaut werden. Dann kann es schon mal sein, sich genau wie das ganze Studium über im total falschen Film zu fühlen und so halt irgendwas zu machen. Letztlich, weil die Menschen dort so nett waren.

Bei meinem Wechsel in die Automobilindustrie hatte ich immerhin im Hinterkopf, dass ich auch wieder etwas „sehen und anfassen" können wollte. Und an einem Produkt mitarbeiten, das man auch jemandem an der Tankstelle zeigen konnte – so kam nur ein Hersteller von Automobilen in Frage, kein Zulieferer.

Ich dachte: Oh weia, spätestens jetzt fliegst du auf! Eigentlich weißt du ja immer noch gar nix. Und jetzt bist du dort, wo auf eine Stelle ein paar hundert Bewerber kommen. Das müssen alles Genies sein!

In einem solch großen Unternehmen wie einem Automobilkonzern ticken die Uhren tatsächlich anders als in einem mittelständischen Softwarehersteller-Betrieb. Klar.

Aber eigentlich war es im Konzern auf gewisse Weise noch einfacher als bei der kleinen Softwareschmiede. Für alles und jede Kleinigkeit war irgendjemand zuständig – die Kunst war eher herauszufinden, wer. (So durfte ich zwar nicht zum BKA, aber dennoch Detektiv spielen ☺.)

Im Ernst: Fachlich wurde ich praktisch nicht wirklich gefordert. Keiner erwartete von mir, dass ich wusste, wie man Fahrzeuge produziert, und ich konnte alles lernen und erfragen, was ich wissen musste. Mein Studium half mir dabei vielleicht zu einem ganz geringen Teil, weil man das eine oder andere technische Wort kannte oder durch Konstruktionslehre ein gewisses Verständnis hatte – aber wirklich GEBRAUCHT hätte ich das nicht. Und beim Restaurieren und Reparieren meiner Vespas war bei mir deutlich mehr für die Praxis der Automobilherstellung relevanter Maschinenbau hängen geblieben als aus dem Studium.

Ich kann wirklich zusammenfassend sagen, dass ich praktisch die ganzen 15 Jahre in der Autobranche nichts in meinem Studium Gelernte gebraucht habe. Es gab vielleicht eine Handvoll Situationen, in denen mir Studieninhalte halfen, etwas schneller zu verstehen, dann aber meist konkret am Fahrzeug, wenn es um die blanke Technik ging.

Ist das nicht unglaublich?
Aber wie konnte ich dann gute Arbeit leisten?
Wie meine Aufgaben und Projekte erledigen?

Ganz einfach:
Mit gesundem Menschenverstand!

Was, wenn ich gleich nach dem Abi eingestiegen wäre?

Ich habe mich oft gefragt, was eigentlich gewesen wäre, wenn ich direkt nach dem Abitur bzw. nach meinem Zivildienst im Automobilkonzern angefangen hätte. Also auf gleicher Position und in gleicher Rolle, nur eben ohne Studium und 3 Jahren Berufserfahrung in der IT-Branche – also 9 Jahre früher.

Dann hätte ich die sechs Jahre, die ich für das Diplom gebraucht habe, direkt on the job einsteigen und lernen können. Von mir aus mit geringem Azubi-Gehalt. Es wären sechs Jahre gewesen, in denen ich Zeit gehabt hätte, wirklich das zu lernen, was dort auch relevant, wissenswert und entscheidend ist. Und ich hätte die Chance gehabt, mich dort womöglich einfacher zurechtzufinden, was Identifikation und Sozialisation betrifft.

Und ich hätte zwangsläufig besagten gesunden Menschenverstand benutzen müssen, um mich zurechtzufinden.

Der gesunde Menschenverstand

Was mich immer wieder gewundert hat, ist, wieso dieser „gesunde Menschenverstand" so wenig benutzt wird.

Prof. Dr. Christian Belz, Ordinarius für Marketing an der Universität St. Gallen und Geschäftsführer des Instituts für Marketing und Handel (IMH), sagt, dass gerade Manager den „gesunden Menschenverstand" entwickeln und nutzen sollten, weil planendes und analytisches Vorgehen in einer zunehmend komplexen Welt überschätzt werde oder vollkommen ungeeignet sei.

Der gesunde Menschenverstand *„beruht auf Fakten, Erfahrungen, Gefühl und Menschenkenntnis. Kurz: Auf dem Gesamterlebnis der Entscheider und Gestalter. Den gesunden Menschenverstand hat nicht einfach jeder, vielmehr ist es anspruchsvoll, ihn laufend zu entwickeln. Er stützt sich auf eine offene und kritische Wahrnehmung sowie die Fähigkeit, die erfassten Aspekte zu gewichten, zu verknüpfen und situationsgerecht zu nutzen. Damit ist gesunder Menschenverstand wohl das Beste, was eine Führungskraft anstreben kann."* [3]

In meiner Berufspraxis habe ich mich immer gefragt, wieso es vielen eigentlich so schwerfällt, einfach das

Naheliegende zu tun.

Ich kann es bis heute nicht sicher sagen. Für mich ist es am ehesten eine Art pragmatisches Urteilsvermögen, das – mir zumindest – hilft, eine situative Entscheidung zu treffen. Auch ohne lange darüber nachzudenken.

Ich dachte in vielen Situationen: „Das ist doch ganz einfach, lass uns doch einfach A, B, C probieren." Für viele Kolleginnen und Kollegen war es aber offenbar nicht so einfach. Nicht, dass ich jetzt alleine die Weisheit mit Löffeln gefressen und mich für klüger als alle anderen gehalten hätte – keinesfalls –, aber anstatt zu zaudern und ewig zu diskutieren, letztlich aber gar nichts zu entscheiden und zu MACHEN, probiere ich gerne einfach etwas aus. Notfalls kann man es ja immer noch korrigieren (also meistens) und zurückdrehen, wenn es sich als falsch erweist.

Gesunder Menschenverstand heißt für mich deshalb unter anderem auch, pragmatisch einen kleinen, ersten Schritt zu gehen. Wenn du vor dem Berg stehst, sei es ein Mathe-Vordiplom oder dem Auftrag, eine Produktionsanlage zu bauen – die Kunst ist, einfach mal anzufangen.

Klar gibt es Pläne und es wird vorher darüber gesprochen. Aber gerade Projekte, bei denen etwas entwickelt wird, wo Neuland betreten und Aufgaben angegangen werden, die noch unbekannt sind, ist es hilfreich, wenn man nicht versucht, alles bis ins letzte Detail vorauszuplanen und umzusetzen. Es kommt sowieso anders!

Effektiv ist, kleine Einheiten zu planen und anzugehen, und dann wieder neu ein kleines Stück weiter zu planen. Deswegen kann man das große Ziel ja trotzdem im Auge behalten. Aber man arbeitet dann mehr im Hier und Jetzt. Dabei zahlt sich die Zeit, in Iterationen vorzugehen, den Status zu hinterfragen oder immer wieder leichte Korrekturen vorzunehmen, mehrfach aus. Nicht umsonst sind Methoden wie Scrum so populär und offensichtlich auch effizient.

Für die Probleme, die im Alltagsbetrieb auftreten, ist es meist sofort möglich, eine Lösung zu finden, wenn man sich traut, zu improvisieren und evtl. auch gegen Regeln zu verstoßen. Na und? Wenn es dem übergeordneten Ziel dient.

Das bedeutet ja nicht, dass man z. B. Prozesse dauerhaft umgeht oder außer Kraft setzt. Ich bin ein großer Freund von GUTEN Prozessen.

Und sollte ein systematischer, also ein sich wiederholender Fehler auftreten oder – aufs Büro bezogen – immer die gleiche Information fehlen, dann sollte man selbstverständlich diese Probleme analysieren und der wirklichen Ursache auf den Grund gehen.

7. Was mir im Job wirklich geholfen hätte

Was mir im Studium keiner gesagt hat

Leider hat mir im Studium niemand gesagt, worauf es – gerade in größeren Unternehmen und besonders am Anfang – wirklich ankommt, und das war, wenn ich Bilanz ziehe:

> ➤ **das Verstehen der Kultur und der informellen Regeln**
>> *sich einfühlen können*

> ➤ **das Verstehen von Kommunikation und Verhalten**
>> *Beziehungen aufbauen können*

> ➤ **das Netzwerken**

>> *andere um Hilfe bitten können*

Bedauerlicherweise konnte ich nichts davon besonders gut – damals. Und damit hatte ich ja auch überhaupt nicht gerechnet, das hatte mir jedenfalls an der Uni keiner gesagt.

Ich dachte, ich solle dort meine „Hard Skills" demonstrieren und wie toll ich technische Probleme lösen kann. Dabei wäre das oben Genannte viel wichtiger gewesen.

Warum ich so oft angeeckt bin

Tja, und erschwerend kam hinzu, dass ich in aller Regel

- ➢ **sage, was ich denke.**
- ➢ **Bestehendes hinterfrage.**
- ➢ **den Mut habe, Entscheidungen zu treffen.**
- ➢ **den Mut habe, Dinge auszuprobieren: einfach mal zu MACHEN (auch ohne Rücksprache).**

Was zur Folge hatte, dass ich massiv angeeckt bin. Vor allem deshalb, weil ich tatsächlich geglaubt und gelebt habe, was schon vor 25 Jahren in der Uni als Werbung hing und heute immer noch ähnlich klingt, nämlich:

„Wir suchen frisches Denken!"

Oder:

„Wir brauchen Menschen, die alte Zöpfe abschneiden und neue Wege gehen!"

Nun, wie gesagt, ich habe fleißig Zöpfe abgeschnitten oder es zumindest versucht – es bekam mir aber nicht besonders gut.

Was aber an meinen direkt vorgesetzten Führungskräften lag. Und der Kultur, die diese geprägt hatten und die solches Hinterfragen nicht erlaubte.

Auf der grünen Wiese

Abgesehen vom Anecken, haben meine genannten Eigenschaften aber ein Gutes gehabt: Man hat sie erkannt – und ich habe auch kundgetan, dass ich mich nicht vor Herausforderungen scheue, die man in aller Regel als „Neuland betreten" oder „Grüne-Wiese-Projekte" bezeichnet – Dinge also, die noch keiner gemacht hat und wo eben keine Vorerfahrung zur Verfügung steht.

Und es ist mir beim ersten großen Projekt dieser Art, das ich leiten durfte, wie Schuppen von den Augen gefallen – nämlich, dass sich keiner dazu bereit erklärte, weil dabei ein großes Risiko zu scheitern bestand. Das wäre – auch für mich – natürlich nicht karriereförderlich gewesen. Also lehnten die anderen lieber gleich ab.

Ich dagegen war durch das viele Anecken an einem Punkt, wo ich kein Problem damit gehabt hätte, die Firma zu wechseln und zu gehen.

Und wäre dieses Projekt nicht so erfolgreich gewesen und hätte es mir nicht schließlich den Grundstein für einen Bereichswechsel und die spätere Karriere gelegt, so hätte ich mir sicher etwas anderes gesucht.

Führungskraft = Moderator, Pfarrer u. v. m.

Eines Tages habe ich es dann trotz eines gewissen Exotendaseins sogar noch in eine Führungsposition geschafft. Und Sie ahnen es vielleicht schon: In der Rolle hätte ich das Studium erst recht nicht gebraucht!

Denn ich fragte in dieser Position vor allem mal die Mitarbeiter, wo ihnen der Schuh drückte, wo es Probleme gab, was man besser oder anders machen könnte, und das waren meist keine fachlichen Themen. Sondern eher Themen der Zusammenarbeit, der Kommunikation und der Information.

Endlich in meinem Element

Führungskraft zu sein war wie eine Befreiung. Der Moderator im Körper des Ingenieurs konnte endlich integriert werden. Als Führungskraft – so wie ich sie verstehe – bist du Moderator, Visionär, Pfarrer, Psychologe, Organisator, Kommunikator, Unternehmer, Coach und noch vieles mehr.

Ich habe damals, ohne es zu wissen, intuitiv wie ein Organisationsentwickler geführt und gehandelt. Denn ich habe mich im Wesentlichen um die schon erwähnten Kommunikations- und Informationsprozesse gekümmert, um Schnittstellen und um Rollen, inklusive der jeweiligen Zuständigkeit, Verantwortlichkeit, der Aufgaben und der nötigen Kompetenzen.

Rückblickend bin ich mit den folgenden zehn Punkten gut gefahren und konnte so meinen Bereich und die Mitarbeiterinnen und Mitarbeiter, die es wollten, für das Unternehmen weiterentwickeln:

1. **Gesunder Menschenverstand**
2. **Sagen, was ich denke**
3. **Bestehendes hinterfragen**
4. **Mut haben, Entscheidungen zu treffen**
5. **Dinge ausprobieren: einfach mal MACHEN**
6. **Zuhören**
7. **Kreativität**
8. **Über den Tellerrand blicken**
9. **Tun, was ich verspreche**
10. **Werte und eine gute Kinderstube vorleben**

Dass zuweilen aber auch ein eher autoritär anmutender Führungsstil notwendig und sinnvoll ist, soll hier nicht verschwiegen werden. Die Feuerwehr z. B. kann bei einem Einsatz nicht auf autoritär-hierarchische Befehlsstrukturen verzichten, sonst wäre es wohl meist zu spät für das brennende Haus.

Gute Führung bedeutet eher, situations- und personenbezogen führen zu können, jedoch ist es schwierig, dieses breite Spektrum abzudecken.

Und: Mir ging es immer um die Sache. Um das pragmatische Lösen von Problemen. Um die Weiterentwicklung des Teams, des Bereichs, der Prozesse, des Produkts, des Unternehmens. Ich musste nicht immer Recht haben oder „gewinnen", sondern ich wollte Entwicklung und Fortschritt. Auf jeden Fall das Gegenteil von Starre, Stillstand und „Das haben wir schon immer so gemacht".

Nicht falsch verstehen:

Ich will mich hier nicht zur perfekten Führungskraft stilisieren und das war ich auch nicht. Viele waren überhaupt nicht davon begeistert, dass ich so viel Veränderungswillen an den Tag gelegt habe und mich als „kleiner" Teamleiter (der aber immerhin Teams zwischen 50 und 200 Mitarbeitern führte) wie ein Unternehmer gefühlt und auch so gehandelt habe, als wäre es mein Unternehmen. So habe ich oft „Luxus" abgelehnt und Sprüche wie „Die anderen kriegen das aber!" von meinen Mitarbeitern geerntet oder bekam massiven Widerstand bei Prozessoptimierungen und dem Versuch, Transparenz zu schaffen. Dass dies letztlich auch den Mitarbeitern geholfen hat, haben leider nur 50% auch so wahrgenommen.

Doch ich kann sagen, dass ich in den 10 Jahren in einer Führungsrolle auch viel dazugelernt und mich persönlich weiterentwickelt habe. Vom eher autoritären Anführer, der genau zu wissen glaubt, wo es hingehen soll, und das auch vorgibt, hin zu einem eher moderierenden, Impulse gebenden, Fragen stellenden, vertrauenden Leader.

Aber eines habe ich auch sehr früh gelernt: Du kannst es niemals allen rechtmachen. Und Führung ist oft auch undankbar. Das tat weh.

8. Es sind nicht die fachlichen Themen, die Unternehmen Probleme bereiten – es sind immer die menschlichen!

Mein Fazit aus meinen fast 20 Jahren Erfahrung in der Industrie ist, dass die technischen und fachlichen Probleme eigentlich immer gut lösbar waren. Die eigentlichen Hürden lagen darin, dass Menschen entweder nicht miteinander arbeiten wollten oder konkurrierende Interessen und Ziele von Einzelpersonen eine Lösung im Sinne des Unternehmens oder des Produktes (und damit wiederum im Sinne des Unternehmens) verhindert haben.

Bis Entscheidungen getroffen werden, kann es lange dauern ... Da werden zahlreiche Meetings veranstaltet und es wird über die Hierarchieebenen rauf und runter diskutiert. Der Sachbearbeiter, der Experte für ein Sachthema ist, präsentiert etwas in der Abteilungs- oder Bereichsleiterebene, die zwei bis drei Stufen höher als seine ist. Je nach Wichtigkeit wird das wiederum in eine höhere Ebene getragen. Oder – was oft vorkommt – ein unzufriedener Abteilungsleiter, der Bedenken hat, dass dieses vorgetragene Sachthema, z. B. eine Konstruktionsänderung, auch seinen Bereich tangieren wird, legt ein Veto ein und will den Sachverhalt erst noch einmal auf Auswirkungen mit seinen Mitarbeitern besprechen und prüfen (was ja durchaus sinnvoll sein kann und legitim ist).

Sprich, es dauert sehr, sehr lange, bis hier eine Entscheidung gefällt wird, insbesondere in Entwicklungsbereichen.

Unternehmensinteresse vs. Eigeninteresse

Solange es hier um die Abklärung technischer Machbarkeiten geht (also z. B. der Abteilungsleiter, der Auswirkungen auf seinen Teil des Produkts/Konstrukts prüfen lässt), ist es selbstverständlich normal, richtig und wichtig, dass sich bei einer Fahrzeugentwicklung alle Bereiche abstimmen und genau überdenken, welche Auswirkungen die Änderung eines Teils haben wird. Hier gilt es, Fehler zu vermeiden! Jede Produktentwicklung ist ein permanentes Abgleichen und Ringen um Bauraum, Kosten, Design, Funktionalität etc. Das ist das Spannungsfeld der Entwicklungsingenieure. Allerdings wird hier eben auch oft eine egoistische, machtorientierte Position eingebracht, die nicht wirklich im Sinne des Unternehmens bzw. Produkts ist.

Dann nämlich, wenn die vorgetragene Änderung sinnvoll für das Gesamtpaket wäre, Abteilungsleiter X aber allein deshalb dagegen ist, weil das wiederum Aufwand für seine Mitarbeiter bedeuten würde, weswegen er z. B. aus Kapazitätsgründen alles tut, um dies zu vermeiden. Oftmals ist der Aufwand, mit dem sich dann ganze Abteilungen gegen etwas wehren, viel, viel größer, als wenn man das Thema einfach als erledigt erklärt hätte. Speziell die Führungskräfte müssten hier eigentlich stets das höhere Ziel im Fokus haben. Haben sie aber auch deshalb nicht, weil ihre Tantiemen davon abhängen, ihre Abteilungsziele zu erreichen. Das ist nachvollziehbar, verstärkt im Grunde aber den Zwiespalt, entweder sich selbst oder dem Unternehmen zu dienen. Eigentlich sollte es bei Führungskräften einen solchen Zwiespalt gar nicht geben. JEDE Führungskraft MUSS per Definition im Sinne des Unternehmens handeln – das ist aber oft nicht der Fall.

Leider passieren gerade hier unglaubliche, von außen betrachtet unfassbare Dinge. Ein Beispiel: Eine Abteilung hat durch das Ende eines Projektes eigentlich eher „Luft" und die Mitarbeiter sind nicht alle voll ausgelastet. Es wäre problemlos möglich, zwei oder drei Mitarbeiter für andere Tätigkeiten einzusetzen, z. B. sie temporär an eine andere Abteilung, in der „es brennt", zu verleihen. Genau das passiert aber nicht, weil der Abteilungsleiter Angst hat, dass wenn er seine Mitarbeiter verleiht, also zugibt, dass er momentan nicht ausgelastet ist, diese Mitarbeiter bzw. Planstellen gestrichen werden und nie mehr wiederkommen.

Dabei ist natürlich völlig klar, dass in einem Bereich, der eher Projekte bearbeitet, die Arbeitslast nicht immer gleich ist, sondern schwankt. Und das wissen auch alle. Da aber die generelle Tendenz zu Einsparungen, Rationalisierungen und Personalabbau quasi permanent im Raum steht, hat der Abteilungsleiter, der hier „mauert", natürlich nicht ganz Unrecht mit seiner Sorge, seine Leute nie wiederzusehen und dadurch beim nächsten Projekt ein Ressourcenproblem zu haben.

Mit gesundem Menschenverstand und einer Kultur, die wirklich auf allen Führungsebenen „agil" denkt und handelt, wäre dieses Problem lösbar. Wenn man das Unternehmen und die Arbeit eher wie einen Fluss betrachtet, den im Idealfall kein Staudamm, keine Flussenge etc. am Fließen hindert, sondern in dem das Wasser (die Arbeitsvorgänge) gleichmäßig und harmonisch seinen Weg findet, dann kann man Mitarbeiter dort einsetzen, wo sie gebraucht werden. Die Führungskräfte würden sich also gut und offen abstimmen in Hinsicht darauf, wo durch Priorisieren und Verschieben Engpässe vermieden werden können und wo es gerade den dringendsten Handlungsbedarf gibt. Das setzt allerdings voraus, dass auch Führungskräfte ihre Eigeninteressen dem Interesse des höheren Ziels unterordnen. Wir reden hier also von einer völlig anderen Kultur, Haltung und Einstellung.

In einem klugen, agilen Unternehmen würde man immer im Sinne des Gesamtziels bzw. -produkts entscheiden und genau das tun. Und wenn zu wenig Ressourcen (an Budget oder Mitarbeitern) vorhanden wären, dann würde man ggf. neue Kollegen einstellen oder in eine technische Anlage, Software o. a. investieren.

Bei den oben beschriebenen, klassischen, besitzwahrenden Kulturen besteht die Gefahr, dass durch Sparprogramme und Rationalisierungswellen erst recht Engpässe entstehen oder verschlimmert werden. Denn in solchen Kulturen geht es nur mit der Rasenmäher-Methode: Keiner gibt zu, dass er „genug" Leute hat oder sogar jemanden abgeben könnte an einen Bereich, der unterbesetzt ist. So wird also überall gleichmäßig prozentual abgebaut, egal, ob in einem Bereich oder einer Abteilung eher „Luft" vorhanden ist oder „Not am Mann" herrscht.

Was passiert danach? Die noch verstärkten tatsächlichen Engpässe, garniert mit dem Frust der Mitarbeiter, die mehr im Flur schimpfen als zu arbeiten, verschärfen die Probleme noch. Statt effizienter wird alles noch viel ineffizienter und früher oder später platzen Termine und oder die Qualität leidet. Und nicht zu vergessen: Der Krankenstand steigt.

Wenn's unangenehm wird, hol ich 'nen Berater

Wenn (durchaus sinnvolle) Veränderungs- und Optimierungsprojekte aufgesetzt werden, bei denen es um die Effizienzsteigerung übergreifender Prozesse geht, also Prozesse, die z. B. ein ganzes Werk oder zumindest verschiedene Bereiche wie Entwicklung, Produktion und Lieferantenmanagement tangieren, wird oft allein deshalb ein externes Beratungsunternehmen beauftragt, weil sich die verschiedenen Führungskräfte, deren Bereiche oder Teams involviert sind, nicht einig werden und es hier oft schlicht um Macht oder Recht haben geht.

Oder aber das nächste Sparprogramm wird von oben beschlossen und man vertraut (teils zu Recht, siehe den vorigen Absatz) den betroffenen Bereichen und Führungskräften nicht hinsichtlich ihres ernsthaften Bemühens, Kosten einzusparen und Prozesse schlanker zu gestalten. So wundern und ärgern sich alle, wenn externe Berater, die den Laden so gar nicht kennen, diesen mit allgemeinen Methoden danach durchforsten, was man streichen oder anders machen könnte.

Für den Auftraggeber, also meist das obere Management, ist so eine externe Beauftragung aber eine sichere und „diplomatische" Möglichkeit, die Situation „neutral" und „kompetent" zu erledigen. Sprich, es ist (auch) ein Alibi, um (Unangenehmes) zu verkünden: „Die Beratung XY hat gesagt, dass wir das so und so machen sollten, dann wird alles gut!"

Und dann wird das so gemacht. – Wirklich?

Warum Veränderung in der Praxis oft so schwierig ist

Was ich oft erlebt habe, ist, dass solche Projekte, also Effizienzprogramme, Prozessoptimierungsprogramme usw., selten wirklich in die Praxis umgesetzt wurden. Jedenfalls nicht so, wie sie auf dem Reißbrett erdacht wurden und durchaus sinnvoll gewesen wären.

Warum? Entweder weil in der Praxis trotzdem noch Führungskräfte, Teams, Mitarbeiter etc. dagegen sind oder sein können und das Ganze sabotieren. Oder aber, weil man einen laufenden Betrieb nicht einfach pausieren kann, um hunderte Mitarbeiter einzubinden. Genau diese Beteiligung an der Neugestaltung von Arbeitsprozessen wäre aber wünschenswert, ja essentiell, um sowohl Effizienz wie auch Akzeptanz bei der Definition von Schnittstellen, Informationsflüssen, Aufgaben, Kompetenzen und Verantwortungen sicherzustellen. Und damit sind nicht nur Fließbandprozesse gemeint, sondern auch die Verwaltungsabläufe.

Hier muss der volle Fokus auf diesem Veränderungsprozess liegen und der Einsatz aller betroffenen Führungskräfte ist gefordert. Genau das passiert aber oft nicht.

Insofern wird hier auf Führungsebene oft doppelt versagt: Einerseits rufen die Leute, die ihre Prozesse, Technik, Anlagen kennen sollten, Berater herbei, die technisch-prozessual optimieren sollen, obwohl die Internen das doch am besten können müssten. Andererseits wird versäumt, sich Profis von außen für die heiklen Themen Kommunikation, Mediation und Veränderungsmanagement zu holen. Betriebswirtschaftlich-technische Berater – ja gerne, aber wenn es darum geht, die Menschen mitzunehmen, dann wird gespart. Und das rächt sich dann.

Gerade bei Technikern als Führungskräften ist hier trotz aller Führungskräfteentwicklungsprogramme oft ein erhebliches Defizit an Verständnis für die Sinnhaftigkeit einer solchen Maßnahme, also Coaches hinzuzunehmen, festzustellen. Oder aber es ist hierfür kein Budget vorhanden, was bei kleineren und mittleren

Unternehmen häufig der Fall ist, aber auch bei Konzernen mittlerweile oft als Grund genannt wird.

Fakt ist: Wenn es in einen Veränderungs- oder Verbesserungsprozess geht, fangen die Probleme oft schon bei der Kommunikation an. Und Sie glauben nicht, wie schnell man Mitarbeiter gegen etwas aufbringen kann, das sie noch gar nicht kennen – weil ihnen niemand sagt, um was es geht.

9. Machen ist wie Wollen, nur krasser!

Mut in den Lehrplan schreiben

Die Intuition, der gesunde Menschenverstand, Urteils-vermögen oder Pragmatismus – wie auch immer man es nennen mag: es ist der erste Schritt, die Voraussetzung zum Handeln. Insbesondere wenn es darum geht, im (Berufs-)Alltag Entscheidungen zu fällen und Probleme schnell zu lösen.

Für den zweiten Schritt, nämlich in die Umsetzung zu gehen, ist aber etwas anderes erforderlich: Mut.

Machen ist wie Wollen – nur krasser! Das ist leider nur zu wahr. Denn etwas wollen – das tun viele, etwas umsetzen – das tun wenige.

Aus meiner Sicht und eigenem Erleben wurde den meisten von uns vor allem in der Schule der Mut und die Fähigkeit, einfach etwas auszuprobieren, regelrecht abtrainiert. Beziehungsweise wir haben nicht gelernt, auf unseren gesunden Menschenverstand, unsere Intuition und das „Einfach-mal-probieren" – sprich, auf unsere Kreativität und unser Urteilsvermögen zu vertrauen.

Der Lehrplan der Zukunft braucht einen großen Platzhalter unter Überschriften wie „Das wird schon gehen!", „Wir probieren das jetzt mal!" oder „Wir fangen einfach mal an!". Also trainieren, improvisieren und experimentieren, anstatt erst mal alles zu planen, zu analysieren, zu berechnen, auszudiskutieren und zu glauben, dass dann rein rational auf dem Reißbrett die perfekte Lösung am Horizont erscheint. Vermitteln, dass es auch anders geht: einfach anfangen, beobachten, analysieren und iterativ weitermachen. Und wenn dabei Fehler gemacht werden – super!

Ich weiß noch gut, was es heißt, mehr Angst als Mut zu haben. Aus meinem Studium, in dem ich wie gesagt ziemlich unglücklich und schlichtweg überfordert war, kenne ich das Gefühl von Angst und Starre, vor einem Berg zu stehen, den ich nie erklimmen werde. Als ich damals Mathematik oder Thermodynamik lernen sollte, stand ich vor so einem Berg. Und dachte, ich müsste das jetzt komplett durchdringen. Ich habe mir damit selbst ein Bein gestellt und mich total verrückt gemacht, anstatt einfach mal zu versuchen, Schritt für Schritt gewisse Dinge zu kapieren. Ohne die Angst hätte ich mit Sicherheit viel einfacher verstehen und bestehen können.

Vielleicht lag es auch daran, dass ich im Studium bis zum Vordiplom, wo es eben um Bestehen oder Rausfliegen ging, viel mehr Angst und Druck verspürt habe als später im Beruf, wo es natürlich auch um viel ging und es mir auch nicht egal war, ob etwas funktionierte oder nicht. Aber ich habe trotzdem erlebt, gerade im Großkonzern, dass es viel teurer wird, wenn nicht ausprobiert, sondern lange diskutiert und im schlimmsten Fall gar nicht entschieden und gehandelt wird. Und selbst wenn jemand Mist gebaut hat – geköpft wurde niemand.

Fehlerkultur in Unternehmen – Fehlanzeige

Allerdings gibt es in Deutschland bei dem Thema Fehlerkultur noch viel Luft nach oben. Es ist schon wahr, dass Fehler in der Regel dazu führen, dass eher mit Erschrecken und Panik reagiert wird, als dass man einfach einen Fehler als „darf sein" oder „kommt vor" behandelt. Zumindest wird nach meinem Erleben – bei allen möglichen Unternehmen – nicht unbedingt gefördert, dass man ausprobieren, dass man scheitern darf.

In Japan werden Fehler als Geschenk angesehen. Denn wenn ein Fehler auftritt, kann man ihn konsequent abstellen und freut sich darüber, dass dieser Fehler nicht mehr auftauchen wird. Obwohl das Thema Fehlerkultur auch in Deutschland seit Jahrzehnten in Firmen offiziell eingeführt und diskutiert und von Generationen von Organisations- und Teamentwicklern gepredigt wurde – in der Praxis ist es oft immer noch so, dass Mitarbeiterinnen und Mitarbeiter sich nicht trauen, Fehler offen zuzugeben bzw. sie zu thematisieren. Das ist traurig UND wirtschaftlich nachteilig. Es ist letztlich aber abhängig von der direkten Führungskraft. Nur diese hat es in der Hand, wie mit Fehlern umgegangen wird.

In einer Kultur zu arbeiten, die Fehler bestraft, fördert natürlich nicht unbedingt den Wunsch, „einfach mal zu machen".

Die Angst vor Fehlern und Fehlentscheidungen besteht aber nicht nur bei den Mitarbeiterinnen und Mitarbeitern, sondern in allen Hierarchieebenen. Ein Bereichsleiter kann 2000 Leute lähmen, wenn er Angst hat.

„Machen" kann man lernen

„Einfach mal machen" kann man lernen. Ich musste hochintelligente Leute erleben, die ewig lange diskutieren und analysieren konnten, aber die nicht zu einer Entscheidung und Handlung fanden. Und deswegen glaube ich auch, dass (nur) wirkliches Handanlegen, das über Theorien, Planungen und Berechnungen hinausgeht, den Transfer der eigenen Analysefähigkeit und Kreativität in die Realität möglich macht.

Man muss einfach erleben, dass man wirksam wird und Dinge bewegen, verändern, „machen" kann.

Diese Fähigkeit wird aber gerade durch die zunehmende Zeit, die wir – und insbesondere unsere Kinder – an Smartphones verbringen, nicht gerade gefördert.

Partykeller

Was ich eines Tages haben wollte – ich muss so 14 oder 15 Jahre alt gewesen sein –, das war ein Partykeller. Und nach einigem Hin und Her und „Nein" fand diese Idee auch bei meinen Eltern und meinem Bruder Zustimmung. Bei meinen Eltern wohl, weil zu dieser Zeit (sie waren da Ende 40) viele Partys und Feiern im Bekanntenkreis stattfanden und wohl mehrere einen solchen Ort hatten. Außerdem stand Vaters 50. Geburtstag an (der dann auch in diesem Keller gefeiert wurde).

Und so wurde schließlich beschlossen, dass ein Raum (von dem ich heute gar nicht mehr weiß, wofür er zuvor genutzt worden war), als Partykeller ausgebaut werden sollte. Und zwar von meinem Vater und uns selbst. Ganz nach dem Baumarkt-Motto „Respekt, wer's selber macht!". Zuerst wurden die Wände vorbereitet. Eine üble Arbeit. Ich immer dabei – wenn auch ohne große Begeisterung, ich hätte nichts dagegen gehabt, wenn über Nacht einfach ein fertiger Keller da gewesen wäre. Dann kamen wir auf die Idee, das Ganze rustikal zu gestalten und Holzbalken an die Seitenwände und die Decke zu schrauben. Also wurden dicke Löcher gebohrt, die Holzbalken zugeschnitten, gestrichen und in einem Abstand von ca. 80 cm angebracht. Zwischen die Balken wurde ein Rauputz aufgetragen. Eine besondere Idee dabei war, Glaskügelchen in den Putz einzubringen, die dann das Licht reflektieren bzw. brechen und glänzen – hat leider nicht so gut funktioniert wie in der Theorie, aber egal: die Idee war gut!

Und schließlich als Krönung bauten wir eine Bar. Ja, genau: eine richtige Bar!

Abb. 4 – Unser Partykeller (1988)

Auf dem Barhocker sitzen und an der Bar eine extra Kante für die Ellbogen zum Abstützen haben – ja, da kannst du auch mit zwei Promille noch einigermaßen gerade sitzen. Oben drüber noch eine Art Oberschrank mit dimmbaren Strahlern und Lichtorgel und fortan hatten wir einen richtig schönen neuen Raum im Keller, den vor allem ich für meine Partys genutzt habe.

Wieso erzähle ich das? Weil ich glaube, dass eine Aktion wie diese eine unbezahlbare Erfahrung darstellt. Bei der einfach aus dem Nichts heraus durch eigene Ideen, Kreativität, eigene Schaffenskraft und ohne Anleitung aus dem Internet (das es da noch gar nicht gab) ein Raum entstanden ist.

Was nicht heißt, dass mir die ganze Plackerei unentwegt Spaß gemacht hätte! Im Gegenteil, ich fand die Arbeit unangenehm, anstrengend und wenig spaßig. Was aber auch daran lag, dass mein Vater nicht unbedingt ein Meister darin ist, andere, und insbesondere seine Kinder, geduldig anzuleiten, zu ermutigen und Fehler zu verzeihen. Interessant, dass das meiner Initiative und meinem Selbstbewusstsein offenbar nicht geschadet hat.

Wofür ich jedenfalls dankbar bin, ist, dass meine Eltern, insbesondere mein Vater, an dieser Stelle so talentiert und findig und auch engagiert waren, so etwas in seiner Freizeit überhaupt zu machen. Und mir damit auch zu zeigen: Du kannst etwas gestalten. Du kannst einfach mal MACHEN.

Ich glaube heute, dass Erlebnisse wie dieses letztlich auch dazu geführt haben, dass ich die Fähigkeit und den Mut habe, Dinge einfach mal auszuprobieren und zu machen. Ohne gleich darüber nachzudenken, ob man scheitert, etwas schiefgehen könnte oder unendlich lang zu planen. Natürlich haben wir auch geplant, aber in einem vernünftigen Rahmen. Ganz Ingenieur, hat mein Vater auf seinem Reißbrett genaue Pläne der Balken, der Bar, die er auch komplett selbst konstruiert und gebaut hat, erstellt. Aber dann sind wir Schritt für Schritt vorgegangen und haben umgesetzt. Mit Fehlern und Irrwegen. Na und? War alles wieder hinzubiegen.

Mensch-Maschine

Die jungen Generationen, die mit ihren Smartphones eine Einheit bilden, laufen Gefahr, dass sie wichtige kreative Prozesse, das Entwickeln von Ideen und selbst etwas auszuprobieren immer weniger erleben.

Und vor allem, dass Beziehungen – ECHTE persönliche Beziehungen und Kommunikation – kaum noch stattfinden.

Natürlich ist es einfach und verlockend, sich praktisch den ganzen Tag anzusehen, was andere so tun.

Sich auf YouTube etwas erklären zu lassen und es dann zu tun (und sei es nur Schminken), ist ja in Ordnung. Ich habe auch schon Dinge aus YouTube-Videos gelernt – wunderbar. Aber wenn es sich überwiegend um passives Zuschauen und Konsumieren handelt, fördert das, fürchte ich, nicht wirklich das Selbstvertrauen.

Was ganz sicher den Mut, selbst etwas zu entscheiden und zu machen, fördern würde, ist:

➢ wirklich zu spielen, eine Hütte auf einem Grundstück oder im Wald zu bauen

➢ mit Bauklötzen oder Lego etwas zu erschaffen, was nicht schon vorgegeben ist, was nicht schon aussieht wie ein Raumschiff, sondern einfach frei Schnauze

➢ sein Fahrrad selbst zu reparieren, von mir aus mit Anleitung aus YouTube, aber mit eigenen Händen, und das nicht eine Werkstatt erledigen zu lassen (was damals undenkbar gewesen wäre)

➢ selbst ein Computerspiel oder ein Programm zu schreiben

➢ …

Diese aktive Rolle, fürchte ich, wird mehr und mehr ersetzt durch die des Zuschauers, der dabei zusieht, wie andere so etwas tun.

Auch Hirnforscher und Psychiater sprechen ja die Warnung aus, dass das Gehirn sich nur dann gut entwickeln könne, wenn bis zum 12., 13. Lebensjahr weniger passiver Konsum als aktives Spielen stattfindet, wenn Lernen und Entdecken wirklich erlebt wird.

Ich finde, man braucht nicht einmal Hirnforscher zu sein, sondern nur seinen gesunden Menschenverstand zu benutzen, um zu erkennen, dass es nicht gut sein kann, wenn Kinder zwischen 6 und 12 Jahren schon den überwiegenden Teil ihrer Freizeit vor Bildschirmen verbringen. Dass diese passive Art der Beschäftigung nicht wirklich viel dazu beiträgt, Fähigkeiten aller Art auszubilden, müsste doch eigentlich jedem einleuchten. Ja, es gibt auch interaktive Spiele. Aber auch diese finden letztlich in einer Traumwelt statt und sie zu spielen stellt keine Leistung in dem Sinne dar, dass sie im realen Leben wertvoll oder nutzbar wären – vielleicht für ein paar wenige, die tatsächlich E-Sports-Profis werden.

Nur das eigene Tun macht stark

Je mehr wir uns an Anderen orientieren und immer nur zuhören, wie es geht, oder es in einem YouTube-

Video sehen, aber selbst nie ins Tun kommen, desto weniger entwickeln wir Fähigkeiten wie Kreativität, Umsetzungsstärke, Urteilsvermögen und den Mut, etwas auszuprobieren.

Das ist genau wie mit einer Mathe-Aufgabe. Du kannst sie 100-mal erklärt bekommen von dem besten Nachhilfelehrer, aber kapieren wirst du sie erst, wenn du sie selbst ein- bis zweimal durchgerechnet hast. Und ich weiß, wovon ich rede, ich hatte ab der 7. Klasse (als es mit der Bruchrechnung anfing) mehr oder weniger permanent Mathe-Nachhilfe.

Vielleicht waren es also Erfahrungen wie diese, die mich ermutigt oder geprägt haben: Dass man ganz viel hinkriegen kann, auch wenn man etwas vorher noch nie gemacht hat ...

Nicht falsch verstehen:

Es ist nicht so, dass ich behaupten möchte, vor dem „Machen" zu „denken", sei schädlich oder unnütz. Vielleicht könnte man „Einfach mal machen" durch „Einfach mal anfangen" ersetzen. Worum es mir geht, ist, dass oft ZU VIEL geredet, geplant etc. wird, aber sich keiner traut, mal anzufangen. Weil es ja PERFEKT werden muss. Und vor lauter

Angst, dass es nicht perfekt wird, wird lieber hinausgezögert, noch ein Arbeitskreis einberufen usw.

Ich glaube, „ins Tun zu kommen" kann man lernen.

10. Jugend braucht Freiheit

Wie gesagt: Aus meiner Sicht hat es vermutlich mit Intuition, gesundem Menschenverstand, Urteilsvermögen oder Ähnlichem zu tun, wenn jemand die Fähigkeit besitzt, schnell Entscheidungen zu treffen und einfach etwas auszuprobieren. Aber das ist nur der erste Schritt. Eine Idee haben viele, aber ins Tun kommen nur wenige.

Es muss also, wie schon erwähnt, etwas mit Mut zu tun haben. Und ich glaube, dass es in Kindheit und Jugend entweder die Freiheit oder die Notwendigkeit (oder beides) geben muss, Dinge selbst zu entscheiden und zu lösen.

Ich hatte die Zeit, Freiheit und Muße, selbst in meiner Welt zu spielen, kreativ zu sein und einfach „machen zu dürfen".

Ich glaube, dass Kinder und Jugendliche Freiheit und Freiraum brauchen, um Dinge auszuprobieren. Und dass Eltern und Schule ihnen Freiraum geben müssen, der überhaupt erst ermöglicht, sich und Dinge auszuprobieren und selbst zu entscheiden. Im Vergleich zu heutigen Kindern hatte ich viel Freiheit. Wenn man böse wäre, könnte man auch sagen, meine Eltern haben mich viel mir selbst überlassen, aber ich meine das nicht negativ. Meine Mutter war zuhause und ansprechbar. Wir haben jeden Tag zusammen Mittag gegessen und zu Abend dann immer alle zusammen.

Aber aus heutiger Sicht blieb ich genug mir selbst überlassen, um mich selbst beschäftigen zu müssen, selbst kreativ und aktiv zu werden.

Während ich das hier schreibe, sind Sommerferien. Es gab damals in Kaiserslautern ein Sommerferienprogramm, wo man z. B. kostenlos oder für kleines Geld die Coca-Cola-Werke besichtigen konnte oder die Kläranlage der Stadt. Das waren Tagesausflüge, die wirklich interessant waren. Ich weiß jedenfalls noch, dass ich mich selbst mit diesem Programm beschäftigt, reingesehen und ausgewählt habe, was ich gerne machen würde. Da war ich vielleicht 12 Jahre alt.

Meine Mutter war keine, die für mich Pläne gemacht, sondern eine, die eher gesagt hat: „Beschäftige dich!", oder: „Wenn du Langeweile hast, dann such' dir eine Aufgabe!". Heutzutage klingt das vielleicht harsch. Aber ich empfand das weder damals noch heute so. (Und wenn ich dann zu so einer Veranstaltung hinwollte und das mit einem Bus schwierig war, wurde ich natürlich auch chauffiert. Wie zu Tennis- oder Klavierstunden.)

Ich bin dankbar dafür, denn ich glaube, das ist es, was mich u. a. hat proaktiv und auch selbstbewusst werden lassen!

Was dürfen denn Kinder heute noch alleine?

Für mich war es noch selbstverständlich, zusammen mit meinem Freund zur Grundschule zu laufen – und das waren immerhin ca. 2,5 km. Wir brauchten dafür mindestens eine halbe Stunde, mit all den interessanten Sachen, Themen und Fantastereien, die wir zusammen auf dem Weg erlebt, besprochen und ersonnen haben. Heute undenkbar. Viel zu gefährlich!

Als ich dann zum Gymnasium in Kaiserslautern ging, also ab einem Alter von 11 Jahren, fuhr ich mit dem Bus vom Vorort in die Stadt. Und wenn ich einen Bus verpasste oder sonst was nicht wusste, gab es kein Handy, um jemanden anzurufen. Im Notfall, in einem Fall deutlicher Verspätung oder wenn ich vielleicht noch in ein Spielzeuggeschäft gehen wollte, rief ich zuhause aus einer Telefonzelle und mit Kleingeld (ich glaube, es waren 30 Pfennig) an.

Ja, es gab Situationen, in denen ich Angst hatte, z. B. den Bus zu verpassen oder falsch ein- oder umgestiegen zu sein. Oder wegen komischer Leute. Aber damit umzugehen hat mich stärker gemacht. Ich habe Herausforderungen und Krisen gemeistert. Krisen, die nicht so immens groß waren, dass sie Schaden hinterlassen hätten, die aber groß genug waren, um daran zu wachsen.

Kein Wachstum ohne Anregung

Ebenfalls von klein auf war ich, und bin es heute noch, extrem neugierig. Ich glaube, dass meine Eltern mir vermittelt haben, dass man alles schaffen bzw. lernen kann. Wenn man nur will. Und sich auch etwas anstrengt. Das sehe ich ähnlich, allerdings bin ich im Studium dann auch an meine Grenzen bezüglich höherer Mathematik gestoßen ... da half auch Wollen nichts mehr.

Aber wenn ich Fragen hatte oder mich wirklich für etwas interessierte, dann war jemand da, der mir diese Fragen beantwortete oder es zumindest versucht hat.

Als Kind konnte ich bei meinem Vater sehen, dass er extrem handwerklich begabt war und praktisch alles rund um Haus und Auto selbst gemacht hat. Auch wenn er es vielleicht zunächst gar nicht gekonnt hatte, sondern es sich beibringen musste.

Ich konnte hieran – auch wenn mir das damals so natürlich nicht bewusst war – sehen, dass man sich Dinge selbst beibringen kann und dass es manchmal eben drei

Versuche braucht, bis irgendetwas funktioniert oder so aussieht, wie man es gerne hätte.

Trotzdem war ich von meinem kindlichen Naturell her eher schüchtern und ängstlich als mutig, draufgängerisch und experimentierfreudig. Zumindest in den ersten 10 Jahren. Aber Dinge, für die ich mich wirklich interessiert habe und die ich gerne machen wollte, sei es Klavier spielen oder Fußball, Tennis, Basketball und andere Dinge mehr – meine Eltern haben das unterstützt und mich ausprobieren lassen. Sie waren natürlich auch in der glücklichen Position, dies zu können. Und mir ist wohl bewusst, dass das nicht für alle zutrifft. Umso wünschenswerter wäre es, wenn in der Schule heute noch andere Dinge stattfinden würden als Frontalunterricht.

Auch der Neurobiologe Gerald Hüther glaubt, dass Kinder Freiheit brauchen. Er sagt: „Wenn wir Kindern mehr Freiheiten ließen, lernten sie Vertrauen in sich selbst. Wenn wir für unsere Kinder bei Problemen tätig würden, anstatt ihnen ‚einfach nur über den Kopf zu streicheln‘, hätten sie mehr Vertrauen in Andere. Wenn wir ihnen sagten und vorlebten: ‚Egal was kommt, es wird wieder gut!‘, dann hätten sie mehr Vertrauen in das Leben an sich. Daraus bestünde das Fundament, das unsere Kinder in der Wettbewerbsgesellschaft stärken könnte." [4]

Anpassung vs. Individualismus

Aber selbst wenn der ständige Kontakt zum Smartphone und Kommunizieren in der virtuellen Welt nicht schadet – es existiert noch ein weiterer gefährlicher Trend, der dem Ausprobieren und etwas zu erschaffen im Weg steht.

Denn: Noch nie zuvor haben wir in einer derart öffentlichen Welt gelebt, in der jedes Wort, jeder Kommentar, jede Handlung auf die Goldwaage gelegt und von einem Millionenpublikum auf Facebook, YouTube, Instagram und Co. bewertet und oft abgewertet wird.

Mit anderen Worten: Mein Erleben der jungen Generation, auch von selbstbewussten, hochintelligenten Studenten, z. B. an der Universität Karlsruhe, ist, dass bei vielen Angst vorherrscht, sich in irgendeiner Form zu positionieren, anzuecken und wirklich für etwas zu stehen. Man mag jetzt sagen, stimmt nicht, siehe „Fridays for Future", aber was ich meine, ist eher, mal eine Position, Neigung, Idee oder was auch immer zu vertreten, die gegen den Mainstream ist oder z. B. eine Einzelmeinung in einer Gruppe darstellt. Dafür brauchte es schon immer viel Mut und Selbstvertrauen, keine Frage, aber nach meinem Empfinden haben diese Fähigkeiten noch weiter abgenommen. Die Angst vor einem Shitstorm, vor Kritik oder Häme ist riesengroß –

und berechtigt.

Sehr positiv auf der anderen Seite ist das weitaus höhere soziale Engagement, neben dem Studium zum Beispiel. Hochschulgruppen wie „Engineers without Borders", die Brunnen in der dritten Welt bauen, gab es zu meiner Studienzeit nicht, jedenfalls nicht dass ich wüsste. Oder aber auch ein gewisser Startup-Spirit. Viele Studierende basteln an einer Idee, einer App usw. Diesen Spirit gab es nach meiner Erinnerung damals an der TU in Darmstadt so nicht.

Wird der Trend zunehmen, nicht aus der Masse herauszutreten und eine eigene Meinung oder Idee zu vertreten?

Es scheint, als gäbe es eine große Anzahl an Jugendlichen und jungen Erwachsenen, die in großer Konformität leben, und eine kleine Gruppe, z. B. die, die Startups gründen oder „Fridays for Future" organisieren, die mutig und selbstbewusst für ihre Überzeugungen kämpfen.

Ein Soziologe würde vermutlich sagen, dass das schon immer so war. Vom Prinzip her bestimmt. Paradox ist: Auch in Unternehmen herrscht einerseits die Wahrnehmung, dass Schulabgänger (und auch Studierende) zunehmend angepasst und konform sind. Gleichzeitig wird die Generation Z als schwierig, verwöhnt und nicht anpassungsfähig beschrieben. Was stimmt denn nun? Oder stimmt irgendwie beides?

Es ist gut, in der Lage zu sein, sich an Gruppen und soziale Systeme anzupassen mit sozialer und emotionaler Intelligenz, und zwar da, wo es angebracht ist. Zum Beispiel, wenn ich neu in ein Unternehmen eintrete.

Gleichzeitig ist es aber wichtig, selbst denken und auch kritisch über dieses System denken zu können und sich ggf. zu positionieren, etwas zu hinterfragen oder auch mal eine Meinung, eine Wahrnehmung, einen Wert oder ein Bedürfnis zu vertreten, das in diesem System eben nicht üblich ist. Es steht außer Frage, dass ein guter Spagat hier schwierig ist, aber genau daran könnte man auch schon in der Schule arbeiten und dieses thematisieren.

11. Lebensschule

Der Begriff „Lebensschule" beschreibt am ehesten das, was unsere Kinder und Kindeskinder durchlaufen sollten. Wir haben schlichtweg keine Zeit mehr zu verlieren bei unserer Aufgabe, unseren Kindern mehr denn je die Elemente des Menschseins und des sozialen Verhaltens beizubringen.

In den Jahren ab 2040 werden Menschen ganz allgemein, aber auch Arbeitnehmer im Speziellen mehr als je zuvor darauf angewiesen sein, charakterlich, persönlich und bezüglich ihres (Sozial-)Verhaltens gut ausgebildet zu sein. Denn je mehr wir vernetzt, digitalisiert und automatisiert werden, desto höher wiegt das Gut des Menschlich-Kreativen.

Auch wenn es bisher nicht oder nur in untergeordnetem Maße Aufgabe der Schule war, Erziehung und Persönlichkeitsentwicklung zu betreiben – wir müssen umdenken und dort investieren, wo es am nötigsten ist.

Kinder und Jugendliche in eine „Lebens-" oder auch „Menschenschule" zu schicken, an einen Ort, an dem sie Möglichkeiten, Angebote, Aufgaben, Pflichten, aber auch Freuden und Erlebnisse miteinander teilen, die zu ihrer persönlichen und sozialen Entwicklung beitragen, das ist die Aufgabe und Herausforderung für die Zukunft.

Dieses Kapitel zeigt Aspekte auf, die in einer solchen Lebensschule Raum finden sollten.

Reife

Im Idealfall erlangt ein Kind, das die Lebensschule erfolgreich absolviert hat, das, was es bis dahin vom Erwachsenen getrennt hat: Reife.

Die Reife, Situationen eigenständig beurteilen zu können und Entscheidungen zu treffen.

Die Reife, mit anderen Menschen Beziehungen und soziale Bindungen einzugehen und aufrechtzuerhalten.

Die Reife, die auch dadurch entstanden ist, dass mehrfach erlebt wurde, dass man Gedanken, Ideen, Pläne in konkretes Handeln und Verwirklichen umsetzen kann.

Die Reife, sich selbst so weit zu kennen und zu verstehen, dass auch bei widrigen Situationen, Begegnungen und Lebensumständen noch der Glaube an sich selbst und daran, dass „alles wieder gut wird", vorhanden ist.

Wenn unsere künftigen Generationen diese Reife während der Schulzeit erlangen, dann werden sie ihr Leben erfolgreich meistern – egal, wie sich unsere Welt entwickelt.

Mündigkeit

Reife und Mündigkeit liegen für mich eng beisammen. Mit Schrecken musste ich erleben, wie viele Arbeitnehmer zur Unmündigkeit erzogen wurden, indem Vorgesetzte ihre Gedanken, Ideen, Vorschläge und Verbesserungen systematisch entweder gar nicht anhörten, sie abtaten oder – was fast am schlimmsten ist – sie sich anhörten und dann sagten, dass sie etwas tun würden, was aber nie geschah.

Man kann den einen oder anderen Mitarbeiter, dem so etwas widerfährt, wie ein scheues Tier mit Vertrauen und Zuhören danach wieder „anfüttern". Mit Geduld und Glück wird er dann vielleicht wieder selbst denken, sich äußern und einbringen, aber es ist ein äußerst schwieriges Unterfangen.

Was aber ist mit unseren Kindern?

Sie sollten im Idealfall dann, wenn sie volljährig werden, also mit 18 Jahren, mündig sein. Meinetwegen auch ein paar Jahre später, nicht umsonst ist die Voll-jährigkeit, z. B. in den USA, erst mit 21 Jahren erreicht. Aber sind unsere 21-Jährigen heute überwiegend mündig und könnten sie alleine klarkommen?

Vielleicht hilft ein Blick auf die Definition von Mündigkeit:

„Der Begriff Mündigkeit beschreibt das innere und äußere Vermögen zur Selbstbestimmung und Eigenverantwortung. Mündigkeit ist ein Zustand der Unabhängigkeit. Sie besagt, dass man für sich selbst sprechen und sorgen kann. Mündigkeit wird oft mit dem Begriff der Emanzipation in Zusammenhang gebracht." [5]

Helikopter-Eltern

Ernüchternd war für mich in einem meiner letzten Seminare an der Universität Karlsruhe (KIT) beim Thema Mündigkeit, Reife, Selbstverantwortung und Mut, dass ein Student sagte, er verüble es seinen Eltern, dass sie ihn so derart beschützt, bevormundet und ihm fast alle Entscheidungen oder Schwierigkeiten abgenommen hätten. Er habe einen Cousin in der Slowakei, den er, als dieser ca. 13 Jahre alt war, darum beneidet und dafür bewundert habe, dass dieser Dinge entscheiden und

106

machen durfte (oder musste!), die er (der Student) sich selbst heute, in der Mitte des Studiums mit Anfang 20, kaum trauen würde.

Er ging nicht näher darauf ein. War aber auch nicht nötig. Denn die Botschaft war klar: Hier ist ein junger Mann derart behütet aufgewachsen, dass er sich selbst quasi als nicht besonders lebens-, zumindest nicht als krisentauglich einstuft.

Also ich finde das erschütternd! Und er fand das auch...

Beziehungen und Miteinander

So traurig es ist – auf dem Lehrplan der Zukunft sollte das Thema „Beziehungen" stehen. Mein Sohn ist selbst ein Trennungskind und ich sorge mich darum, ob und wie er mal eine (gute!) Partnerbeziehung als Vorbild erleben wird. Bei immer mehr Kindern, die allein erzogen werden, darf man sich da zu Recht Sorgen machen.

Aber auch abgesehen davon: Wann und wo erlebt ein Kind heute eigentlich noch echte Beziehung? In dem heutigen Schulsystem wohl eher dann, wenn ein Lehrer nachmittags eine AG auch aus Freude an der Sache betreut und dafür (nicht nur, aber auch) seine Freizeit opfert. Oder wenn Mama, Papa, Oma und Co. sich mal wirklich Zeit nehmen und ohne Fernsehen, Play-station, Tablet etc. auskommen und etwas zusammen spielen, basteln, kochen oder in die Natur gehen. Vor allem aber: wenn sie miteinander reden. Sich füreinander interessieren. Sich voneinander erzählen. Aber wie oft kommt das noch vor?

Wie ich schon sagte: Früher hätte ich das eher als eine Aufgabe der Eltern gesehen, eine Aufgabe außerhalb der Schule. Wenn die Realität nun mal eine andere, das Lernen und Erleben von Beziehungsgestaltung aber der Schlüssel zu allem ist – nämlich zu sozialem Verhalten, Familiengründung bis hin zu Zusammenarbeit im Beruf, dann wäre es wohl wert, darin zu investieren. Oder?

Wie traurig ist das denn?

Neulich machte ich Pause in einem Einkaufszentrum in meiner Heimat Kaiserslautern. Ich saß da und beobachtete einfach die Menschen. Ein paar Meter entfernt von mir saß ein junges Pärchen, ca. 14 bis 15 Jahre alt. Sie saßen auf einer Bank ohne Lehne, sich gegenüber, also je ein Bein auf einer Seite der Bank. Sie waren offensichtlich (frisch) verliebt. Für mich sah es jedenfalls nach einer Art erster großer Liebe aus und danach, dass diese zarte Pflanze gerade erst am Sprießen war. Sprich:

Ich glaubte, dass der erste Kuss noch nicht stattgefunden hatte, aber in der Luft lag.

So sehe ich also diesen Jungen, der voll und ganz im Hier und Jetzt ist und das Mädchen ansieht bzw. anhimmelt. Ihr Blick auf ihn ist im Prinzip genauso, vielleicht mit etwas mehr Verlegenheit, vor allem aber total gestört und unterbrochen dadurch, dass sie ihr Handy die ganze Zeit in der Hand hält, immer wieder drauf sieht und sogar ab und an etwas hineintippt.

Ich weiß nicht, wie Sie das empfunden hätten, aber mir tat das im Herzen weh. Ich habe die ganze Zeit nur gedacht: Mädchen, leg das Handy weg! Du verpasst gerade einen der schönsten und bedeutendsten Augenblicke deines Lebens! Sie war einfach nicht voll und ganz da in dem Moment. Sie hatte eine Distanz aufgebaut, die ihrem Gegenüber merklich unangenehm war, aber vermutlich traute er sich nicht, etwas zu sagen. Und sie erstattete gerade – so denke ich mal – „live" Bericht auf Facebook oder wo auch immer, dass sie jetzt gerade endlich mit Jakob, Lukas oder Johann dieses tolle Date hatte, aber de facto verpasste sie es!

Zwei Gefühle überkamen mich in der Folge: Ich musste zwangsläufig daran denken, wie das alles damals bei mir gewesen war – und ich war unglaublich dankbar, dass ich mein erstes Handy erst mit ca. 25 Jahren hatte. Ich musste aber auch an meinen Sohn Tim denken, der heute 4 Jahre alt ist, und daran, wie sein erstes Date einmal aussehen wird – um das Jahr 2030 dann wohl … und obwohl ich nicht weiß, wie das dann aussehen wird – habe ich ein melancholisch-trauriges Gefühl, weil ich fürchte, dass es noch weiter von meinem ersten Date entfernt sein wird.

Eine Werteschule – wichtiger denn je

Man mag mich jetzt als konservativen Spießer beschimpfen, aber es ist irgendwie typisch für Deutschland, dass dieselben Leute, die eine zunehmende Rücksichtslosigkeit und Verrohung der Gesellschaft beklagen (die mittlerweile sogar zu unfassbarer Gewalt gegenüber Sanitätern und Feuerwehrleuten führt), sich gleichzeitig über eine Erziehung hin zu (konservativ-klassischen) Werten wie Pünktlichkeit, Zuverlässigkeit, Verbindlichkeit („Mach ein Versprechen – halt ein Versprechen!"), Rücksicht, Hilfsbereitschaft (seinen Platz im Bus anbieten) und Höflichkeit mokieren.

Wenn zu diesen „alten" Werten noch „neue" wie Wertschätzung, Dankbarkeit, Achtsamkeit und Empathie hinzukommen, dann braucht sich niemand mehr Sorgen um die Zukunft machen – weder um unsere Gesellschaft noch um die Wirtschaft und auch nicht um unsere Kinder.

Nicht falsch verstehen:

Auch ich bin der Meinung, dass eine gute Kinderstube bereitzustellen in erster Linie Aufgabe der Eltern ist. Wenn aber die Realität anders aussieht – aus welchen Gründen auch immer –, dann würde ich hier lieber pragmatisch „machen", anstatt zu beklagen, dass es nicht (mehr) funktioniert.

Es wäre doch im Zuge einer Reform, die auf menschliches Verhalten, die Fähigkeit, sich zu reflektieren, und auf persönliche Entwicklung ausgerichtet ist, ein Leichtes und einfach stimmig, auch hier steuernd und erziehend aktiv zu werden. Werte sollten unbedingt thematisiert, (vor-)gelebt und eingefordert werden.

Und auch hier besteht eine Parallele zur Berufswelt: Auf Teamentwicklungen werden oft Spielregeln für den Arbeitsalltag und Umgang miteinander aus der Gruppe heraus definiert. Das ist nichts anderes als sich „Werte in einer Gruppe" zu definieren. Schüler könnten so was auch …

Ein soziales Jahr für alle

Ein Teil dieser „Werteschule" könnte die Wiedereinführung einer „allgemeinen Dienstpflicht" sein. Das wäre auch ein ganz tolles Signal zur Stärkung des Themas Gleichberechtigung. 50 Jahre lang haben Männer ihren Wehrdienst leisten müssen, ob sie wollten oder nicht. Leider hat man es versäumt, bei der Abschaffung der Wehrpflicht ein solches soziales Jahr einzuführen (über die Dauer könnte man ja diskutieren, aber zwischen 6 und 12 Monaten sollte es schon sein).

Aber wie das leider oft so ist, viele mal wirklich neue oder kontroverse Ideen werden und wurden auch hier von vielen sofort totgeredet und mit übelsten Stempeln versehen. In diesem Fall stempelte man den Vorschlag, der ja erst 2018 noch einmal aufgebracht wurde, u. a. als anmaßende Einmischung in die Freiheit junger Leute ab, was für mich nicht nachvollziehbar ist. Mischt sich der Staat denn nicht ständig in meine Freiheit ein? Das ist ein Großteil seiner Aufgabe – zugunsten des Allgemeinwohls.

Als jemand, der mit Abiturienten und Studenten arbeitet, habe ich selten das Gefühl oder höre ich auch nicht die Aussage, dass diese zu spät ins Berufsleben (fast hätte ich „in das wahre Leben" gesagt) eintreten würden und besorgt seien, dass sie ein Jahr verlieren könnten. Im Gegenteil. Um mehr Zeit zum Reifen zu haben werden einige Dinge unternommen, die Zeit in Anspruch nehmen.

Auf jeden Fall würde ein solcher Dienst mit Sicherheit eine große Unterstützung in Pflege- und sonstigen sozialen Bereichen sein. Jetzt wird wahrscheinlich das Argument kommen, in so kurzer Zeit keine kompetente

Unterstützung zu bekommen, sondern eher einen Klotz am Bein, den man beschäftigen oder aufschlauen muss. Ist das wirklich so?

In einer „Hart aber fair"-Sendung im Juni 2019 zum Thema Pflege berichtete eine Auszubildende (3. Lehrjahr), dass sie und selbst Auszubildende des 1. Lehrjahres alleine bis zu 12 Patienten bzw. alte Menschen im Pflegeheim zu betreuen hätten. Wenn das gängige Praxis ist, soll mir keiner erzählen, dass junge Erwachsene hier allein mit gesundem Menschenverstand und zwei Händen nicht helfen könnten!

Darüber hinaus gibt es weitere Vorteile, die für ein soziales Jahr sprechen:

- ➢ Hier können junge Menschen wirklich konkret lernen und erleben, was das Leben eigentlich für Aufgaben stellt
- ➢ die Möglichkeit, pragmatisch Dinge anzupacken und zu handeln
- ➢ Verantwortung zu übernehmen
- ➢ Probleme zu lösen, hier und jetzt und ohne YouTube
- ➢ Dankbarkeit und Wertschätzung zu erhalten und zu geben
- ➢ Menschlichkeit mitzugestalten

Ich kann hier nur aus meiner eigenen Erfahrung als Zivildienstleistender beim ASB (Arbeiter-Samariter-Bund) sprechen. Ich war beim MSHD (Mobiler sozialer Hilfsdienst), der alte Leute zuhause aufgesucht und gepflegt hat. Unsere Aufgaben reichten vom Baden und Windeln wechseln bis zum Einkaufen, Kochen, Putzen oder einfach nur Spielen und Reden.

Niemand hatte mich dafür ausgebildet. Ich bin die ersten Wochen mit erfahrenen Kollegen (auch Zivis) zusammen gefahren und so habe ich „gelernt". Es ist einfach unbezahlbar, was ich dort über Menschen, soziale Systeme, Not, Verzweiflung, Trauer, Schicksal gelernt habe, aber auch, welche Freude, Dankbarkeit und Glück ich erfahren konnte.

Ich wüsste keinen besseren Weg, soziale Bindung und gesellschaftlichen Zusammenhalt zu schaffen als durch einen solchen Dienst am Menschen.

Und an alle, die Angst haben, dass ihre Kinder dadurch überlastet werden: Es gab dennoch genug Freizeit und ich hatte den Spaß meines Lebens in diesem Jahr – erstmals keinen Lerndruck wie in der Schule und danach wiederum im Studium, sondern einfach mal leben wie ein normaler Arbeitnehmer. Herrlich!

Und selbst wenn diese Maßnahme den Staat Geld kostet (was noch die Frage wäre angesichts des Pflegenotstands) – es wäre gut angelegt. Es wäre eine Weiterbildungsmaßnahme, die nach der Wissensvermittlung in der Schule eine Art Lebenspraktikum böte. (Einfach die Kultusministerien zu einem verschmelzen, dann wäre bestimmt genug Geld für dieses und noch viele weitere Projekte da.)

„Mindset" ist wichtiger als Wissen

Die Motivationspsychologin Carol Dweck forscht seit langem dazu, wie Menschen mit Niederlagen umgehen und was manche dazu veranlasst, unbeeindruckt Herausforderungen zu suchen, während andere aufgeben.

So lässt sich für Menschen mit einem starren Mindset sagen, dass sie …

- ➢ Herausforderungen vermeiden, wenn sie Niederlagen befürchten.
- ➢ nicht gut mit diesen Niederlagen umgehen können.
- ➢ versuchen, diese Niederlagen zu verbergen.
- ➢ überzeugt davon sind, nur auf einem Gebiet begabt zu sein (zum Beispiel Mathegenie versus Sprachgenie).
- ➢ negative Glaubenssätze innerlich häufig wiederholen.

Im Gegensatz dazu ist bei Menschen mit einem dynamischen Mindset zu beobachten, dass sie ...

> - wissbegierig und neugierig darauf sind, etwas Neues zu erlernen.
> - wissen, dass Anstrengungen nötig sind, um etwas zu erreichen.
> - Fehler machen als Chance sehen, etwas daraus zu lernen.
> - ihre Schwächen kennen, aber daran arbeiten.
> - Herausforderungen lieben.
> - offen für neue Erfahrungen und Wege des Lernens sind.

Persönlichkeiten mit einem solchen „Growth Mindset" strengen sich also wesentlich häufiger an, trotz Niederlagen. Ihre Frustrationstoleranz ist offenbar deutlich höher. Menschen mit dieser Einstellung halten sich nicht unbedingt für hochbegabt, aber sie sind der Überzeugung, dass jeder besser werden kann, wenn er daran arbeitet. [6]

Daran zu arbeiten, dass junge Menschen eher ein dynamisches Mindset entwickeln, ist eine wichtige Aufgabe der Schule in Hinsicht auf die kommenden Generationen. Denn mit einem dynamischen Mindset ist die Wahrscheinlichkeit, sich leichter an sich verändernde

Rahmenbedingungen, gleich welcher Art, anpassen und damit umgehen zu können, ungleich höher.

Topskill: Priorisieren

Eine elementare Fähigkeit, ob privat oder im Beruf, ist die des Priorisierens. Mehr denn je müssen wir gerade bei der ständigen Überflutung durch Informationen, Neuerungen, Trends, Veränderungen und angesichts all der medialen und sonstigen Angebote auswählen, rauswählen und entscheiden. Gar nicht so einfach! Aber tatsächlich ist gerade das Entscheiden und damit ja auch eine Wahl zu treffen und somit Prioritäten zu setzen meiner Meinung nach wichtiger als „Wissen". Ich habe so viele Leute erlebt, die zwar sicher viel gewusst haben, die aber leider absolut keine Entscheidung treffen konnten.

Da ist man umgekehrt besser dran, auch wenn es auf „try and error" hinausläuft …

Lehrplan ändern: Mehr Soft Skills, weniger Hard Skills

Um mehr Raum für Soft Skills zu schaffen, sollten die bisherigen Lehrpläne von den heutigen 100% auf 60 bis

70% reduziert, es sollte also der heutige Stoff komprimiert werden. Die Fächer Musik, Kunst, Sport werden davon ausgenommen. Werken wird wieder eingeführt. Die anderen (Haupt-)Fächer werden nicht durch Verdichten und Vermitteln des gleichen Stoffs, der dann in der Hälfte der Zeit durchgenommen wird, sondern tatsächlich durch Weglassen und Priorisieren, ganz neu denken, auf das Wesentliche reduziert. In meiner Schulzeit wurden einige Dinge mehrfach durchgenommen, was nicht unbedingt nötig gewesen wäre.

Die heutigen Lehrinhalte sind sicher nicht sinnlos, unnötig oder sonst wie unberechtigt. Sowohl für die Gehirnentwicklung als auch Allgemeinbildung ist unser Schulsystem so, wie es heute ist, wichtig und richtig. Aber wir reden hier (wenn man einmal annimmt, es würde tatsächlich zeitnah eine Reform vorgenommen und umgesetzt werden) von Schülerinnen und Schülern, die circa im Jahr 2040 aus der Schule kommen werden, wenn es ganz schnell geht, vielleicht 2030.

So oder so – wer glaubt noch ernsthaft, dass GENAU DIE Bildung, die wir heute in den Schulen vermitteln, zu diesem Zeitpunkt noch angemessen sein wird? Mit den gewonnenen 30 bis 40% an Zeit sollten Eigenverantwortung, Kreativität und Handeln gefördert werden. Verantwortung übernehmen. Selbst machen. Die schon erwähnten Fächer, die heute oft immer wieder

hinten runterfallen und als „nicht so wichtig" angesehen werden, wie z. B. Bildende Kunst, (Hand-)Werken,
aber auch Musik/Musizieren und Sport, sollten gestärkt
werden, also mehr Planzeit als heute bekommen. Heutige „AGs", also Arbeitsgemeinschaften bzw. freiwilli-
ges Engagement (von Schülern und Lehrern), z. B. in
Form von Tanzen, Theater, Simulationsrollenspielen zu
Unternehmen, Börse etc. sollten etwas von der gewonnenen Zeit bekommen.

Toleranz und gesellschaftlicher Zusammenhalt zum super Sparpreis

Die restliche Zeit wäre gut angelegt mit der Behand-
lung von Themen der Persönlichkeitsentwicklung,
Kommunikation und Beziehungsgestaltung. Verschiedene Charaktere und Verhaltensweisen schon früh mit
den Kindern zu reflektieren, wie sie sich verhalten, was
für Neigungen, Talente, Interessen und Bedürfnisse sie
haben, würde bei ihnen die Toleranz und das Verständnis auch für andere Kinder und letztlich alle Menschen
fördern! Und damit auch zum gesamtgesellschaftlichen
Zusammenhalt beitragen.

Wieso sollten meine Studentinnen und Studenten
erst mit Anfang, Mitte 20 dieses tolle Aha-Erlebnis ha-

ben, das ich immer wieder erleben darf, wenn sie erstmals einen Blick auf ein einfaches Persönlichkeitsmodell bzw. Verhaltensprofil werfen? Und das sind leider nur 20 pro Semester bzw. Seminar. Ich selbst bin in diesen Genuss auch erst gekommen, als ich zur Führungskraft ernannt wurde und dadurch an Trainingsprogrammen zur Führungsrolle teilnahm. Dort durfte dann jede/r neue Teamleiter/-in einen persolog®-Test machen. Also auch hier nur ein kleiner Teil der Berufstätigen. Dabei wären diese Erkenntnisse weiß Gott für jede und jeden wichtig und hilfreich, ob privat oder im Beruf!

Heute ist das auch bei meiner Arbeit ein Instrument, um Führungskräften, aber auch normalen Mitarbeiterinnen und Mitarbeitern einen anderen Blick auf sich selbst und ihre Angestellten oder Kolleginnen und Kollegen zu ermöglichen. Wir sind eben nicht alle gleich. Und das ist auch gut so.

Nicht falsch verstehen:

Was vielen bei diesen Persönlichkeitsmodellen oder -beschreibungen missfällt, ist, dass man dadurch in eine Schublade gesteckt würde. Das ist nachvollziehbar. Es ist aber nun einmal auch eine Tatsache, dass wir alle verschieden sind, es aber bestimmte Eigenschaften gibt, die Menschen gleichermaßen zeigen, z. B., dass manche „extrovertiert" sind.

Ferner kommt es doch ganz wesentlich darauf an, wie man diese Erkenntnisse vermittelt bekommt, und folglich, welche Sicht man darauf hat, und schließlich: was man daraus macht.

Es geht also sicher nicht darum, Kinder zu „kategorisieren" und ihnen am Ende gar einen Stempel aufzudrücken, sondern zu zeigen, was sie bevorzugt leben und was ihnen entspricht, aber auch, wie sie ihr Verhaltensspektrum erweitern und wie Toleranz für andere zeigen können, allein weil sie merken, dass es ganz normal ist, dass man verschieden ist.

Auch Kinder können Probleme lösen

Ist es so schwer vorstellbar, dass Kinder alleine oder in Gruppen Projekte bearbeiten? Dies könnten auch ganz konkrete Aufgaben sein. Auch Jugendliche sind in der Lage, z. B. ein Problem auf kommunaler Ebene zu lösen: Ideen auszuarbeiten für eine Stadtverwaltung, anstatt eine teure Beratungsfirma anzuheuern. Es spricht ja nichts dagegen, dass ihnen hierbei trotzdem ein kompetenter Partner oder Mentor zur Seite steht.

Eine weitere Möglichkeit wäre, dass Planspiele im großen Stil stattfinden. Bei Wettbewerben oder freiwilligen AGs gibt es so etwas heute schon. Wettbewerbe, die die Simulation einer Bank oder Unternehmensführung als Thema haben. Szenarien, in denen eben Schritt für Schritt kreative und verschiedene Lösungswege möglich sind. Wo es eben nicht darum geht, genaue Lösungswege aufzuzeigen oder etwas exakt zu berechnen, sondern darum, pragmatisch Dinge zu ordnen, zu organisieren, etwas zu entwerfen und letztlich auch etwas zu entscheiden, Verantwortung zu übernehmen, etwas zu riskieren und auszuprobieren.

Schüler renovieren die Schule

Ermöglichen wir doch unseren Kindern und Jugendlichen Erfahrungen wie die meine mit dem Bau des Partykellers, indem wir ihnen diese Möglichkeit an den Schulen geben! Nur dann kommen auch wirklich ALLE in den Genuss, solche praktischen, prägenden Erfahrungen zu machen – unabhängig vom Elternhaus.

Was wäre eigentlich schlimm daran, wenn Schülerinnen und Schüler selbst mit anpacken, um ihre Schule zu renovieren? Nicht im Sinne von Kinderarbeit und dass der Staat Geld spart – nein –, sondern so, wie es auch viele private Schulen tun: als Projekte, die Spaß machen, die Mitgestaltung und damit Mitbestimmung ermöglichen und so Kreativität, Schaffenskraft, Tun und Erfolgserlebnisse ganz automatisch hervorbringen. Und als Nebeneffekt auch noch handwerkliches

Arbeiten fördern und vielleicht bei manch einem oder einer Begeisterung dafür wecken. Denn es gibt nun einmal nur wenig, was schöner und befriedigender ist, als mit eigenen Händen etwas zu erschaffen, zu reparieren oder zu verschönern.

Diese Zeit des konkreten Planens und Schaffens ist absolut nicht verschwendet: Hier kann gesunder Menschenverstand, pragmatisches Handeln, handwerkliches Geschick, aber auch organisatorisches Denken und Handeln geübt und erlebt werden. Und noch weit mehr, denn hierbei muss zwangsläufig improvisiert, neu entschieden, verworfen werden, weil es immer irgendwelche Hürden gibt, die nicht vorhersehbar waren. Und dabei werden ebenfalls Teamgeist, Intuition sowie Entscheidungs- und Kommunikationsfähigkeit geschult. Besser geht's nicht!

Jede Wette: Die große Mehrheit der Schülerinnen und Schüler, die solche Projekte durchführen, werden am Schluss stolz auf sich sein und jedes Mal Freude empfinden, wenn sie das Ergebnis ihrer Arbeit sehen oder es sogar nutzen dürfen. Und all das heißt ja nicht, dass nicht trotzdem Profis mit von der Partie sind und anleiten, unterstützen und helfen.

Bezogen auf das, was momentan in den Unternehmen gelehrt, trainiert und geschult wird, ist das eben Beschriebene genau das, was die zukünftigen Berufstätigen brauchen. Und wenn sie es nicht zuhause oder in der Schule lernen und üben dürfen, wie sollen sie es dann mit auf den Arbeitsmarkt bringen? Wenn wir von Reife fürs Leben sprechen, dann sind solche Projekte und die Wochen, die sie dauern, besser investiert als jeder Frontalunterricht, der Wissen vermitteln soll. Und auch besser als jeder „Digitalunterricht".

Hier kommt auch das Thema Vertrauen ins Spiel. Wenn ich jungen Menschen vertraue, ihnen etwas zutraue, dass sie z. B. die Wände ihrer Schule streichen oder eine Lösung für ein kommunales Problem erarbeiten können, was dann aber auch tatsächlich umgesetzt wird, dann fördere ich selbstbewusste, mutige, kreative junge Menschen, die später mal viel weniger Angst vorm Ausprobieren und Scheitern haben werden. Das würde nicht nur das Vertrauen der jungen Menschen in sich selbst stärken, sondern auch ihr Vertrauen in die Gesellschaft, die ihnen etwas zutraut und sie ernst nimmt. Zu erleben, dass sie etwas bewirken können, setzt unglaubliche Energien in ihnen frei. Kann es sein, dass junge Menschen heute am ehesten das Gefühl haben, sie können nichts bewirken, außer vielleicht, wenn sie auf YouTube ein Video einstellen? Und dieses möglichst viele Male geklickt wird? Aber konkret mal etwas zu schaffen, zu gestalten, das erleben sie immer weniger. Und daran sind das Smartphone und die Playstation natürlich nicht unschuldig. Es wird mehr konsumiert als erschaffen.

Fake News und andere Herausforderungen – Medienkompetenz

Sehr gut unterwegs sind die meisten Länder schon beim Thema Medienkompetenz. In Rheinland-Pfalz werden die Kinder in den Grundschulen zu einem *„kompetenten Umgang mit den Möglichkeiten und Gefahren der digitalen Welt geschult"*. Es nehmen dort zum Schuljahresbeginn 2018/2019 bereits 262 Grundschulen am Landesprogramm teil.

„Die Schulen durchlaufen eine zweijährige Projektphase, in der die Vermittlung digitaler Kompetenzen durch das Pädagogische Landesinstitut Rheinland-Pfalz fachlich begleitet und unterstützt wird. Dazu werden die ausgewählten Schulen im Gegenwert von 7.500 Euro technisch ausgestattet und entwickeln und erproben eigene Lernszenarien für ein schülerorientiertes, selbstgesteuertes und individuelles Lernen mit digitalen Medien. Neben der Ausstattung – welche die Schulen, nach thematischen Schwerpunkten gegliedert, selbst auswählen können – stehen der kompetente Umgang

der Schülerinnen und Schüler mit digitalen Medien sowie eine qualifizierten Fort- und Weiterbildung von Lehrkräften im Vordergrund des Landesprogramms." [7]

Was daran besonders auffällt und äußerst positiv zu bewerten ist, ist die Tatsache, dass hier von selbstgesteuertem und individuellem Lernen die Rede ist. Sehr schön – ein erster Schritt in Richtung zu mehr Eigenverantwortung und Selbstorganisation. [8]

Das Thema Medienkompetenz wäre sogar ein neues Pflichtfach wert. Denn wer die 3sat-Reportage „Das manipulierte Bild" gesehen hat, der weiß, welche Herausforderungen auf uns zukommen, was die Glaubwürdigkeit von Medienberichten aller Art betrifft. [9]

Und bei diesem Thema geht einem „der Stoff" nicht aus. Eine zweistündige Info pro Schuljahr oder auch ein Tag – das reicht einfach nicht aus. Die heute angewandten Formate sind gut, um auf Mobbinggefahren auf Facebook und den Umgang mit Passwörtern hinzuweisen, mehr aber auch nicht.

Aktuelle Nachrichten und Posts könnten entweder in dem neuen Pflichtfach „Medienkompetenz" oder auch in Gemeinschaftskunde diskutiert, eingeordnet und entlarvt werden. Auch wenn das – wie die 3sat-Reportage ja eindrücklich zeigt – sehr schwierig sein kann, für Lehrer und für uns alle. Trotzdem bzw. gerade deshalb wäre es wichtig, hier eine permanente Diskussion zu führen, um ein ständiges Bewusstsein dafür zu schaffen, dass Nachrichten nicht immer stimmen müssen.

Es geht Ihnen sicher so wie mir und jedem an der Wahrheit, an Objektivität, Fakten und auch Gerechtigkeit interessierten Menschen, dass Sie ein mulmiges, unsicheres und auch bedauerndes Gefühl haben, wenn Sie an die Zukunft der Nachrichten(-Manipulation) denken. Schon heute können wir ja beobachten, dass diese Manipulationen stattfinden und tatsächlich Einfluss haben – siehe die letzten US-Wahlen. Wir alle werden Schwierigkeiten haben einzuordnen, was nun wirklich wahr ist und was nicht.

Ist die Digitalisierung der Schulen die Lösung?

Nein. Ist sie nicht. Im Gegenteil.

Erstens werden Inhalte nicht besser durch andere Methoden und zweitens verbringen die Kinder ja schon zuhause viel (zu viel) Zeit an Smartphone, Tablet, PC und am Fernsehgerät.

Selbst mein 4-jähriger Sohn „fliegt" schon auf alles,

was einen Bildschirm hat. Es ist der Wahnsinn. Ich verstehe die Faszination, sehe selbst gern fern und habe auch als Jugendlicher auf dem Commodore 64 gespielt (so gut das eben ging damals).

Aber hier könnte und sollte Schule gerade als Raum dienen, der REALE, kreative, aktive Beschäftigung und Beziehungen ermöglicht, anstatt auch dort den passiven oder meinetwegen auch interaktiven Konsum von Software zu befeuern.

Nicht falsch verstehen:

Es ist nicht gemeint, Computer aus der Schule zu verbannen. Das Arbeiten mit dem Computer ebenso wie das Thema Medienkompetenz sollten natürlich, wo noch nicht vorhanden, tatsächliche Inhalte und ebenfalls „neue" Fächer sein. Aber ich glaube nicht, dass es sinnvoll ist, Handys im Unterricht zu erlauben oder Unterricht zukünftig vor allem über Bildschirme statt an der Tafel zu gestalten. Das wäre unsinniger Aktionismus, den man nicht unter Digitalisierung im positiven Sinne verkaufen sollte. Und es sollte nicht noch dadurch gefördert werden, dass „Beziehungen" und „Kommunikation" hauptsächlich und als ob es normal wäre über digitale Medien und Bildschirme erlebt werden, denn echte Beziehungen und echte Auge-in-Auge-Gespräche können digitale Medien nun mal nicht ersetzen.

MINT in allen Ehren – Grüße von der KI

Kritiker werden jetzt vermutlich sagen: Wie sollen wir bitte schön auf den Gebieten Digitalisierung, Forschung und Entwicklung an der Weltspitze bleiben, wenn unsere Kinder nur noch 60% der klassischen Lehrinhalte lernen? Wo wir doch in den MINT-Fächern (Mathematik, Informatik, Naturwissenschaften, Technik) eher mehr lernen müssten, um mitzuhalten?

Man sehe nur einmal nach Asien, wo koreanische und chinesische Kinder fast militärisch pauken und Staat und Eltern einen immensen Ehrgeiz haben, den die Kinder befriedigen müssen – die werden uns überholen!

Ja, das ist ein Argument. Aber diejenigen Kinder in Deutschland, die sich für Mathematik, Physik usw. begeistern, werden in dem neuen Bildungssystem und mit neuem Lehrplan eher noch besser werden, weil sie die Freiräume haben, ihre Interessen noch intensiver zu verfolgen als früher. Gleichzeitig haben sie die Chance, auch mal weiter über den Tellerrand zu blicken und Dinge auszuprobieren. Zum Beispiel durch ein Renovierungsprojekt, bei dem sie auch handwerklich tätig werden und in einem Team arbeiten. Solche Erfahrungen werden sie vielleicht davon abhalten, reine „Fachidioten" zu werden.

Beim Thema MINT sollte man Schule und Studium trennen. In der Schule geht es um grundlegende Fähigkeiten – um eine „allgemeine Reife". Im Studium ist dann genug Zeit und Raum, um sich zu spezialisieren und z. B. in einem MINT-Fach Spitzenleistungen zu vollbringen, bzw. die Ausbildung zu erhalten, die dazu befähigt.

Es ist aus meiner Erfahrung viel effizienter, eine gute Allgemeinbildung zu haben und sich fachlich in den Dingen zu spezialisieren, die einen interessieren und auch benötigt werden, als sich Wissen anzueignen, das man nie wieder braucht.

Ich hatte Freunde in der Schule, die in Mathe mittelmäßig waren und ihr Abi mit einer Drei abschlossen. Im Studium – als sie wussten, was sie wirklich wollten und was sie interessiert (selbst gewählt!) – haben sie plötzlich ein Einser-Vordiplom in Mathe hingelegt und sind Doktoren der Physik geworden, weil sie sich reingekniet haben und es wirklich wollten. Ich hingegen habe mein Mathe-Vordiplom mit „Vier gewinnt" geschafft und hielt mich in der Schule für deutlich klüger.

Noch ein paar Sätze zu den MINT-Fächern: Wenn man sich einmal klarmacht, dass große Teile von dem, was die MINT-Fächer repräsentieren, also Mathematik, Physik, Mechanik usw., auf Logik basieren, so wird einem schnell klar, dass genau das am ehesten durch künstliche Intelligenz ersetzt werden kann. Schon heute rechnet kein Bauingenieur mehr die Statik einer Brücke von Hand aus.

Insofern stelle ich mal die ketzerische Frage, ob es wirklich sinnvoll ist, dafür schon in der Schule so viel Zeit zu investieren?

Diejenigen, die auch mit dem „neuem Lehrplan" auf Mathe und Co. stehen, werden das auch weiterhin. Sie werden durch die erweiterten Angebote und die Reflexion ihrer Persönlichkeit sogar noch besser beurteilen und spüren können, was für sie das Richtige ist. Den Rest können sie sich in Ausbildung, Studium und durch das sowieso erforderliche lebenslange Lernen aneignen.

Ist es so schwer vorstellbar, dass gerade praktisches Arbeiten (ein Projekt könnte ja auch das Restaurieren eines Autos oder Mopeds sein) dazu führt, dass mehr Schülerinnen und Schüler sich für die MINT-Fächer interessieren, weil sie sich auf diese Weise für Technik begeistern können und dadurch eine ganz andere Motivation haben, für die MINT-Fächer zu lernen und sich hier anzustrengen?

12. Berufsausbildung und Hochschulen

Die Renaissance des Handwerks

Auch wenn daran gearbeitet wird, dass Häuser demnächst von Robotern gebaut werden oder gleich aus einem 3D-Drucker kommen – ich glaube an das Handwerk. [10]

Abb. 5 – Durch 3D-Druck entstandene Villa

Jeder, der in den letzten Jahren versucht hat, einen Handwerker (und erst recht einen guten) zu finden, der weiß, was das bedeutet und wie schwierig es ist. Lehrstellen werden reihenweise nicht besetzt – schade. Denn es ist einfach so befriedigend und toll, etwas mit seinen eigenen Händen zu bewirken, dass ich Handwerker oft beneidet habe. Darum, dass sie in der Regel am Abend nach Hause gehen und sehen, anfassen und zeigen können, was sie geschafft bzw. geschaffen haben. Während ich oft nach langen Bürotagen immer mal wieder das Gefühl hatte, gar nichts bewirken zu können und dass nichts voranging.

So gut müssen Roboter erst mal werden!

Bis Roboter und 3D-Drucker einmal so weit sind, dass sie auch mit den vielen individuellen Situationen, Gegebenheiten und Anforderungen umgehen können, die ein guter Handwerker bewältigt, werden sicher noch viele Jahrzehnte vergehen – wenn es überhaupt so weit kommt.

Sprich: In der Diskussion um Jobs, die Zukunft haben, ist das Handwerk ganz vorne mit dabei. Ich würde meinem Sohn eher empfehlen, Elektriker, Heizungsbauer oder auch Künstler zu werden, als BWL oder Jura zu studieren. Ganz im Ernst.

Wenn in Schulen wieder echtes Werken stattfindet und Projekte, bei denen wirklich Hand angelegt wird, durchgeführt werden, dann bin ich sicher, dass sich viel mehr Jugendliche dafür entscheiden, einen handwerklichen Beruf zu erlernen, als dass das heute der Fall ist. Wo können Menschen ihr kreatives Potenzial besser entfalten als im Handwerk?

Umso wichtiger ist doch, dass das, was in Kapitel 11 beschrieben wurde, für die jetzigen und zukünftigen Schulkinder Realität wird. Dass man Kinder und Jugendliche mal raus aus dem Frontalunterricht und weg vom Handy holt, um ihnen die Chance zu geben, wirklich wirksam zu sein, mit ihrem Verstand und ihren Händen etwas zu (er-)schaffen!

Ein freies Studentenleben? Von wegen!

Ob das Studium bzw. dessen Ergebnisse sich in Deutschland durch die Einführung des Bachelor-/Master-Systems verbessert haben, wage ich zu bezweifeln. Denn gerade reife, mündige Studierende sagen mir, dass ihnen (zumindest der Bachelorstudiengang) viel zu sehr verschult sei und es so gut wie keine Möglichkeiten zur freien Studiengestaltung gäbe.

Wenn ich an mein eigenes 1993 begonnenes Studium denke, dann war das sehr frei und man ist oft auf dem Campus umhergeirrt (ohne eine App mit einem Gebäudeplan, geschweige denn Terminerinnerungen!) und hat ganz banale, organisatorische Dinge klären müssen. Auch wenn das nervig war – zur Selbstständigkeit und Eigenverantwortung hat das allemal beigetragen!

Auch von Universitätsseite hört man immer wieder, dass viele Studierende am liebsten alles serviert bekämen und natürlich Verständnis für verspätete Abgaben, Anmeldungen etc. haben möchten.

Verschulung der Universitäten – Segen oder Fluch?

Bemerkenswert ist jedoch, dass die von den einen verschriene und von den anderen so gern angenommene, weil bequeme Verschulung des Studiums anscheinend immer gravierendere gesundheitliche Probleme bei den Studierenden verursacht.

Laut einer Barmer-Studie vom Februar 2018 hat jeder vierte Studierende psychische Probleme wegen dieses Drucks. Knapp eine halbe Million Studierende leiden demnach unter psychischen Erkrankungen. Zeit- und Leistungsdruck sowie Zukunftsängste seien die Auslöser. Depressionen, Angststörungen und Panikattacken bei jungen Menschen nehmen zu. Mehr als jeder sechste Student (17%) hatte danach im Jahr 2015 eine psychische Erkrankung, rund 86.000 eine Depression. Insgesamt stieg der Anteil der 18- bis 25-Jährigen mit psychischen Diagnosen in den Jahren 2005 bis 2016 um 38%, bei Depressionen um 76%. Jeder vierte (26%) der rund sieben Millionen jungen Erwachsenen in Deutschland weist danach heute eine psychische Störung auf. [11]

Dies sind sicherlich keine Probleme, die nur aus den Formalien unserer Studiengänge resultieren. Vielleicht auch. Vermutlich aber auch ein Resultat dessen, dass die Studierenden der Generationen X, Y, Z einfach sehr unterschiedlich sind.

Kindergeburtstag

„Marco war ein neuer Praktikant bei uns und durfte gleich am ersten Tag seines Praktikums zu Terminen mitfliegen. Ich nahm ihn mit in die Business-Lounge und wunderte mich, dass er nichts essen oder trinken wollte. Er habe schon gefrühstückt und Kaffee trinke er sowieso nicht. Auf dem Rückflug nahm er ebenfalls nichts. Eigentlich ganz vernünftig. Dennoch war ich erstaunt. Ich an seiner Stelle hätte zugelangt. Und wäre begeistert gewesen. Auch darüber, wie Marco gleich am ersten Tag bei einem Geschäftsführer-Meeting dabei sein zu dürfen. Doch Marco ließ sich nicht einmal einen Anflug von Begeisterung anmerken. Als Marco in der Folgewoche Daten erheben sollte, bat er um ein Gespräch. Daten erheben, das sei nichts für ihn. Er wolle anspruchsvolleren Tätigkeiten nachgehen. Dass so was nicht immer mög-

lich sei, dafür hatte er kein Verständnis. Er kündigte."

Rüdiger Maas schreibt in seinem Buch „Generation Z" darüber, wie diese tickt und wie wir aus den älteren Generationen (zumeist meine Generation X) mit ihr umgehen können. Das ist nicht immer einfach, wie auch eine weitere Geschichte aus seiner Studie belegt:

„Ausgeschrieben wurde eine Office-Managerin-Stelle in Vollzeit. Beworben hat sich Katharina, 21 Jahre jung, mit Wunsch, in Teilzeit zu arbeiten. Die einzige Bewerbung seit über einer Woche. Nun wollte man es wissen und bat sie zum Vorstellungsgespräch. Schnell kam man zur Frage, wieso eine 21-jährige nur 30 Stunden arbeiten möchte? Sie möchte mehr Freizeit, um sich dem Tierwohl zu widmen. Warum? Ja, richtig, damit sie sich mehr um artgerechte Tierhaltung kümmern kann: Tierwohl statt Unternehmenswohl. Aus einem Gespräch über eine Vollzeitstelle im Office-Management wurde ein Gespräch über artgerechte Tierhaltung. Dennoch: Beide Seiten einigten sich – zu den Konditionen der Bewerberin: mehr Urlaub, höherer Lohn und kürzere Arbeitszeit. Doch dann, einen Tag vor der Vertragsunterzeichnung, die Absage ..." [12]

Je nachdem, welcher Generation Sie, liebe Leserin und lieber Leser, angehören, gehe ich mal davon aus, dass dieses Beispiel bei Ihnen entweder Kopfnicken oder Kopfschütteln auslöst.

Wie sagt Rüdiger Maas so schön in einem Interview: *„Den ersten Arbeitstag eines Generation-Z-Vertreters sollte man am besten wie einen Kindergeburtstag aufziehen."*

Offenheit, Einlassen, Druck, Regeln

Mein Erleben dieser Generation ist ähnlich. Das hat definitiv viel mit den Eltern, es hat aber auch mit der gesamtgesellschaftlichen Entwicklung zu tun.

In meinen Uni-Seminaren, die ich seit dem Wintersemester 2011/12 gebe, stelle ich eine deutliche Veränderung bei den Teilnehmerinnen und Teilnehmern fest. Und meine Seminare sind für alle Fachrichtungen offen, sprich, ich erlebe dort einen guten Mix aus allen Studienrichtungen. Lange dachte ich: „Da hast du jetzt Pech mit der Gruppe gehabt, kommt vor." Aber mittlerweile sehe ich das anders.

Die Begeisterung, das Mitmachen und die Wertschätzung, die ich in den Jahren davor hatte, sind weniger geworden. Heute sind viele der Teilnehmer eher gelangweilt, obwohl ich mir einbilde, inhaltlich mit permanenten Verbesserungen und Aktualisierungen noch ähnlich interessante Inhalte und vor allem reale Geschichten aus der Arbeitswelt zu erzählen wie in den

Anfangsjahren. Während dieser neun Jahre, die ich nun am House of Competence (HoC) der Universität Karlsruhe (KIT) Seminare gebe, habe ich ca. 250 Studierende kennengelernt und erlebt. Es war und ist eine große Bereicherung für mich. Ich bin dort nicht Dozent geworden aus finanziellen Interessen, sondern weil ich noch von meinem Studium her weiß, dass wir dort praktisch NICHTS über das „wahre Leben" in Unternehmen gehört hatten. Und daran wollte ich etwas ändern. Etwas aus der Praxis erzählen. Und mit dem Mythos aufräumen, dass ein toller Master-Abschluss automatisch bedeutet, dass man als eine super (zukünftige) Führungskraft von der Uni abgeht.

Die große Mehrheit der Teilnehmerinnen und Teilnehmer waren aufgeschlossene, empathische, für ihr Alter sehr selbstreflektierte und intelligente junge Menschen. Was ich in den letzten Jahren aber zunehmend erlebe, ist, dass mehr und mehr Studierende sich kaum auf etwas einlassen können. Leider!

In meinem Seminar „Agilität und New Leadership" biete ich z. B. eine Simulation agilen Arbeitens (ähnlich der Scrum-Methode) an. Dabei sollen die Studierenden (in der Regel 20) sich in vier bis fünf Kleingruppen aufteilen und in kurzer Zeit (insgesamt rund zwei Stunden) einen Film produzieren. Sie tun das in drei Arbeitsdurchgängen (Sprints bzw. Iterationen), haben für die erstmalige Vorbereitung und Themenfindung (das Backlog) 20 Minuten Zeit, die Sprints dauern ebenfalls 20 Minuten (60 insgesamt) und zwischen den Sprints gibt es 10 Minuten, um die bisherigen Ergebnisse und das weitere Vorgehen zu besprechen. Während der Arbeitsdurchgänge (Sprints) dürfen die Gruppen NICHT miteinander kommunizieren. Dadurch soll bewusst eine Ungewissheit darüber erzeugt werden, was die anderen tun.

Insgesamt geht es darum, zu erleben, dass man mit minimaler Planung und „blindem" parallelen Arbeiten in sehr kurzer Zeit zu einem tollen, wenn auch nicht perfekten Ergebnis kommen kann.

Auffallend dabei ist, dass es immer mehr Gruppen gibt, die mehrheitlich bei diese Aufgabe entweder gar nicht mitmachen wollen oder aber die strengen (zeitlichen und formalen) Regeln nicht ernst nehmen. Das heißt, entweder werden diese nicht eingehalten oder aber es wird, wenn ich deren Einhaltung vehement einfordere, im Extremfall mit Verlassen des Seminars reagiert.

Dies ähnelt meiner Meinung nach einem kindlichen Trotzverhalten. Andererseits haben wir ja gelernt, dass die Generation Z nun mal genau so tickt. Dennoch: Wir reden hier von einem Tagesworkshop, nicht von einer ganzen Woche, die die Studierenden „durchhalten" müssten. Aber sie sollen ja auch gar nichts „durchhalten", sondern es wäre schön, wenn sie sich „einlassen" könnten.

Aber was ich noch viel erschütternder finde, ist, dass es hier um hochaktuelle bzw. zukunftsweisende Arbeitstechniken geht, denen die Studierenden bald im realen Berufsleben begegnen werden.

Und es kommt noch schlimmer:

Mein anderer Tagesworkshop heißt „Persönlichkeit und Führung". Darin geht es um einen Einblick in Persönlichkeitsmodelle und -typen und um das Thema Führung im klassischen Sinne. Durch die Bank weg finden die Studierenden dieses Seminar klasse. Wir behandeln dort mittels Theorie, Anekdoten aus meiner Zeit in der Industrie und Rollenspiele durchweg das Thema Führung in Hinsicht auf Hierarchien: „Chef sagt an", „Chef beurteilt" usw. Das ist nicht falsch oder schlimm. Und natürlich vermittle ich dort auch, wie man in einem hierarchischen, tayloristischen System gut führen und seine Mitarbeiter wertschätzend und vertrauensvoll leiten kann. Aber es wundert mich doch, dass die Absolventen unserer Universitäten, Anfang 20 Jahre jung, geistig noch so stark in der „alten Welt" der

Industrialisierung verwurzelt sind und das Neue, das im Seminar „Agilität und New Leadership" vorkommt, eher mit Skepsis und Ablehnung betrachten.

Was sagt mir das? Meine Interpretation ist, dass sie aufgrund von Praktika sowie des Einflusses von Eltern und Bekannten nichts anderes kennen. Was im Grunde auch nicht verwundert, weil Agilität und New Leadership eben noch relativ „new" und eher Themen in Führungsetagen von Industriekonzernen oder IT-Firmen sind.

Aber dass sie auch in der Universität davon praktisch NICHTS gehört haben, das ist eigentlich ein Skandal. Und zeigt, wie verstaubt unser Bildungssystem ist.

Die Frage ist: Könnten die Vorschläge, die ich in Kapitel 11 gemacht habe, daran etwas ändern? Sollten sie das überhaupt?

Laut dem Kinderpsychiater Michael Winterhoff weisen viele junge Erwachsene der Generation Z eine nicht ausgereifte Persönlichkeit im Hinblick auf emotionale und soziale Kompetenzen auf. Sie seien quasi im Kleinkindalter hängen geblieben, in welchem ein Kind noch davon ausgeht, dass das gesamte Umfeld aus Objekten besteht, die es steuern könne. Reift das Kind normal, so erkennt es, dass Menschen keine Objekte sind und man sie eben nicht einfach steuern kann. Diese Entwicklung werde vielen Kindern jedoch durch eine Beziehungsstörung der Eltern, die in einer Symbiose mit ihren Kindern lebten, verwehrt – unbewusst.

Winterhoff beschreibt in seinen Büchern auch, dass Lehrer, gerade aus der Grundschule, darüber berichten, dass Unterricht gar nicht möglich sei, weil so viele Kinder überhaupt nicht unterrichtsfähig seien, was seine Theorie bestätige. Und: Diese Kinder haben sicher nicht alle ADHS …

Da ich kein Experte auf diesem Gebiet bin, kann ich das nicht beurteilen, allerdings fände ich es durchaus wünschenswert, wenn die auf die Generation Z folgende sogenannte Generation α, der übrigens auch mein Sohn angehört, nicht mehr ganz so viel Kindergeburtstage bräuchte wie die vorausgehende.

Nicht falsch verstehen:

Durch Rüdiger Maas und seine Generationenstudien habe ich gelernt, wie unterschiedlich wir alle ticken. Und dass es für jede Generation eine Herausforderung ist, mit den anderen zurechtzukommen. Insofern versuche auch ich, die nach meinem Wertemaßstab erlebten Enttäuschungen mit Toleranz und Humor zu nehmen. Und ich habe als Konsequenz meine Seminarbeschreibung geändert und weise jetzt explizit darauf hin, dass dieses Seminar nur Leute besuchen sollten, die auch bereit sind, sich auf stressige Rollenspiele einzulas-sen.

Für die Zukunft bzw. künftige Generationen wünsche ich mir allerdings, dass das, was Michael Winterhoff eine ausge-reifte emotionale und soziale Kompetenz nennt, wieder zum Normalzustand wird. Werte und Eigenschaften wie Mut, Neugier, Aufmerksamkeit, Rücksicht, Pünktlichkeit, Res-pekt, Verbindlichkeit, Zuverlässigkeit, Ausprobieren (und auch etwas mal zu Ende zu bringen, wenn es nicht alles wie beim Kindergeburtstag ist) werden hoffentlich wieder wich-tiger und allgemeiner Konsens werden. Es sind Werte, die das soziale Zusammenleben und -arbeiten schon seit jeher vereinfachen und für alle angenehmer machen. Ich wünsche mir, dass „Soft Skills" zu „Hard Skills" werden. Jedoch wird das nicht von alleine passieren.

Was ein Topabsolvent über sein Studium sagt

Gott sei Dank gibt es nach wie vor Studierende und ganze Workshop-Gruppen, die das Agilitätsseminar lieben und die Herausforderung der „Film drehen"-Aufgabe mit Begeisterung annehmen.

Jens Becker ist einer davon. Er besuchte 2019 mein KIT-Seminar „Agilität und New Leadership". In einer „Challenge" (einer Hausarbeit zum Wissenstransfer) sollten sich die Studierenden Gedanken über den Unterschied zwischen komplizierten und komplexen Problemen oder Situationen im Alltag machen sowie die im Seminar erlebte Simulation des agilen Arbeitens (iteratives Arbeiten ohne langes Planen) auf den Alltag übertragen. Jens Becker schrieb dazu:

Komplexe und komplizierte Probleme im Alltag

Im Alltag als Student begegnen mir komplizierte Probleme in Form von Klausuren ständig. Hier ist immer wieder dieselbe Struktur zu erkennen. Man steht vor einem riesigen komplizierten Berg an Aufgaben und Folien, die man machen und lernen muss, und fragt sich erst mal, wie das denn bitte gehen soll. Denn es wirkt alles anfangs sehr kompliziert. Dann macht man sich einen konkreten Plan, packt seine Lösungsstrategien in Form von Lernplänen aus und fängt an, das Ganze abzuarbeiten. So schafft man aus diesem komplizierten Berg eine Lösung durch ein klares, strukturiertes Vorgehen und einen Plan. Dabei habe ich immer einen genauen Zeitplan im Kopf und weiß, was ich wann wie geschafft haben muss, um mein Ziel, die bestandene Klausur, zu erreichen.

Genau so funktioniert es in den Hochschulgruppen, in denen ich in meiner Freizeit aktiv bin. Hier gibt es einen klaren Plan und eine klare Aufgabenverteilung, um aus einem komplizierten Problem eine Lösung zu schaffen.

Gleichzeitig bin ich aktuell Stipendiat des Bronnbacher

Stipendiums. Dies steht unter dem Leitthema ‚Kunst und kulturelle Kompetenz für künftige Führungskräfte‘. Hier geht es darum, dass wir – 17 Stipendiaten der Uni Mannheim und des KIT – uns ein Jahr lang mit Künstlern auseinandersetzen und mit diesen ein Wochenende verbringen. So waren wir dieses Jahr u. a. mit einem Schauspieler im Theater, mit einer Dirigentin in der Elbphilharmonie oder einem Maler im Atelier. In dieser Zeit durften und konnten wir die Welt der entsprechenden Künstler kennen und lieben lernen. Und hier ist mir bis jetzt ganz stark das Konzept des dynamischen, agilen Arbeitens aufgefallen.

Vor allem beim Malereiwochenende in Mannheim in diesem Mai (2019): Hier war die Aufgabe, ein Bild auf Basis eines persönlich ausgewählten Herzensliedes zu malen, ohne Plan, ohne vorgegebene Anweisungen und Techniken, die man verwenden sollte, oder Farbtöne, die vorkommen mussten. Wir hatten schlicht eine 2 m auf 2 m große Leinwand und sollten diese mit Farbe füllen. Das stellte uns alle erst mal vor eine große Herausforderung, denn wir alle sind Studierende bzw. Promovierende mit dem im ersten Absatz beschriebenen Lösungsstudienalltag.

Doch der Maler stiftete uns an, dass wir doch einfach mal drauflosmalen und das Bild einfach entstehen lassen sollten. Und genau so war das dann auch. Man entschied sich für eine Farbe und malte einfach los. Wie von allein kamen einem während des Malens immer mehr Ideen, was man machen könnte. D. h. wie man den Pinsel besser einsetzen kann, wie man mit verschiedenen Formen und Techniken spielen kann, um am Ende zu einer zufriedenstellenden Lösung zu kommen. Es war faszinierend, denn bis zu diesem Zeitpunkt hasste ich malen. Ich habe nie gerne gemalt. Denn mein konkreter Lösungsplan bei einer Malaufgabe in der Schule führte nie zu einem Ergebnis, mit dem ich zufrieden war.

Aber unglaublicherweise machte mir das Malen auf diese Art und Weise, das Bild einfach entstehen zu lassen, wahnsinnig viel Spaß. Ich war am Ende glücklich mit meinem Bild und echt zufrieden mit der Lösung. Aber noch begeisterter war ich von der Tatsache, dieses komplexe Problem, die Erstellung eines Bildes ohne konkreten strukturierten Plan, gelöst zu haben :).

Eine Kommilitonin, der ich ein paar Tage später davon erzählte, war sogar so fasziniert, dass sie das Ganze auch ausprobieren wollte und so ein paar Wochen später zum Malen zu ihr nach Hause einlud. Auch hier malten wir Bilder basierend auf Liedern, allerdings merkte ich, wie viele meiner Kommilitonen – auch alles Wirtschaftsingenieure – nicht direkt anfangen wollten. Sie holten erst einmal den Bleistift raus und zeichneten eine Skizze vor, um diese dann mit Farben nachzumalen.

Als die Bilder fertig waren, war mein Eindruck, dass die, die ohne Vorzeichnung losgelegt hatten und so wie ich einfach anfingen zu malen, am Ende zu cooleren Ergebnissen kamen. *Auch schienen mir diese Personen mehr damit zufrieden zu sein.*

Für mich ein sehr prägendes Erlebnis, wie das ‚einfach mal loslegen‘, ‚den Plan weglassen‘ zu einem besseren, erfüllenderen Ergebnis geführt hat.

Simulation des agilen Arbeitens

Letzten Sommer habe ich mit drei Freunden Island zu Fuß durchquert. Wir waren 27 Tage autark in der Natur unterwegs, dies war quasi eine richtige Expedition, die viel Planung im Voraus benötigte. Neben der 600 km langen Durchquerung hatten wir uns die Mission gestellt, eine tragbare Wind- und Wasserkraftanlage mitzunehmen, um autark Strom zu erzeugen. Damit wollten wir unsere elektrischen Geräte (z. B. Kamera oder GPS-Uhr) aufladen, um zu zeigen, dass dies mobil mit Wind und Wasser möglich ist. Die ganze Mission wurde von einigen Firmen und Leuten gesponsert und unterstützt, sodass wir einen Internetauftritt brauchten.

Im Frühling 2018 starteten wir mit dem Projekt und rückblickend würde ich sagen, dass wir im Prinzip sehr agil gearbeitet haben. Bei vielen Dingen legten wir einfach mal los, ohne vorher zu viel zu diskutieren und Lösungen entstanden während des Machens automatisch, ähnlich wie beim Erstellen des Films im Workshop (Workshop „Agilität und New Leadership" von Kai Aselmeyer am KIT). Wir machten einfach eine Probetour und währenddessen klärte sich wie von

alleine, wie wir am besten unseren 100-l-Rucksack packen,
welcher Laufrhythmus am besten ist, wie man im Zelt kocht
oder dass wir unbedingt Gadgets für die Stimmung im Team
brauchten. D. h. es klärten sich nicht nur komplexe Dinge,
sondern es entstanden auch neue Ideen während des Prozes-
ses, die wir vorher so überhaupt nicht im Kopf hatten.

Auf der anderen Seite funktionierte die Vorbereitung auch
nicht ohne langwierige Planungsdiskussionen, denn wir vier
sind teilweise echt unterschiedliche Charaktere, die ganz an-
ders an spezielle Situationen herangehen und vor allem man-
che Sachen einfach ausdiskutieren müssen. Dies war unver-
meidbar. Solche Situationen waren dann sehr kräftezehrend.
Es fiel schwer, die Diskussion zu beenden und einfach mal
loszulegen und darauf zu vertrauen, dass im Prozess dann
schon die Lösung entsteht und sich Dinge automatisch klä-
ren, über die man sich vorher stundenlang hätte den Kopf
zerbrechen können. Genau darauf zu vertrauen, dass Prob-
leme sich schon automatisch auf agile Art und Weise im Pro-
zess klären, war teilweise für einen von uns schwierig zu ak-
zeptieren.

Und genau darin liegt – meiner Meinung nach – die
Schwierigkeit beim agilen Arbeiten. Die Theorie anderen
Menschen zu erklären, ist die eine, diese dann aber in der
Praxis umzusetzen, ist die andere weitaus komplexere Seite:

Wie bringe ich also Menschen und Charakteren das

Prinzip des agilen Arbeitens näher, die von ihrer Arbeitsweise bis jetzt immer an Plänen und Strukturen orientiert waren? Und die sich schwertun, sich auf eine andere Arbeitsweise einzulassen?

Reflektierend würde ich sagen, dass wir unsere ‚Mission Iceland' auf halbagile Art und Weise umgesetzt haben, d. h. manche Dinge liefen wie die Gleichseitige-Dreiecke-Übung (Simulation von Komplexität im Seminar ‚Agilität und New Leadership') ab und andere Dinge funktionierten nur über langwierige Diskussionen.

Am Ende haben wir Island ohne größere Probleme zu Fuß wie vorgenommen durchqueren können und ich bin trotz der etwas nervenden Diskussionen echt zufrieden damit, wie wir in der Gruppe gearbeitet haben. Allerdings bin ich davon überzeugt, dass wir uns die eine oder andere Planungsdiskussion auch hätten sparen können, weil sich die Punkte sowieso im Prozess geklärt hätten. Resultierend aus unserer ‚Mission Iceland' stelle ich mir daher die Frage:

Ist agiles Arbeiten nur mit gewissen Charakteren und Personen möglich? Braucht man dafür einen gewissen Schlag Mensch?

Zum aktuellen Zeitpunkt würde ich darauf antworten: Ja, agiles Arbeiten funktioniert nur mit gewissen Persönlich-

keiten.

Allerdings finde ich diese Antwort nicht zufriedenstel-
lend, denn sollte agiles Arbeiten nicht mit nahezu jedem
möglich sein? Ich glaube nicht, dass ich jemanden, der schon
viele Jahre seine hierarchische und statische alte Arbeitsweise
gewöhnt ist, einfach zum agilen Arbeiten umformen kann ...
Doch die wahrscheinlich noch viel wichtigere Frage: Sollte
oder muss ich das überhaupt?

Kai, was denkst du denn dazu?

Nun, ich denke dazu, dass es wunderbar wäre, wenn
eben die vorgeschlagene Persönlichkeitsentwicklung
schon in der Schule stattfände. Denn dann würden alle
Kinder lernen, dass es nun mal unterschiedliche Charaktere mit unterschiedlichen Bedürfnissen und Fähigkeiten gibt und dass das ganz normal und gut so ist.

Tatsächlich kann ich aus meiner langjährigen Füh-
rungspraxis bestätigen, dass es viele Menschen gibt, die
sich mit so einer „agilen" Vorgehensweise schwertun.
Jens Becker ist offenbar ein Abenteurer und Anführer,
der sich in unsichere Situationen begeben kann. Wohin-
gegen der eine oder andere Teamkollege wahrscheinlich ein sehr hohes Sicherheitsbedürfnis hatte und immer genau wissen wollte, woran er war, was auf ihn
zukam usw. Deshalb taten sie sich so schwer damit,
sich auf das Ungewisse einzulassen. Und vermutlich

würden sie sich auch in einer Führungsrolle und Alleinverantwortung schwertun.

Aber weder das eine noch das andere ist jetzt gut oder schlecht. Wenn alle agil wären, würde keiner die wichtigen Details und Routineaufgaben ordentlich ausführen (wollen). Wenn alle Anführer wären, würden sie sich durch permanente Machtkämpfe blockieren (was man übrigens gut in manchen Rollenspielen mit Führungskräften erleben kann).

Wieso ich die Arbeit von Jens (mit seinem Einverständnis) hier einbringe, ist, dass seine Beschreibung sehr schön zeigt, dass sowohl das, was er in der Schule und im Studium gelernt hat, hilft und wichtig ist, um planend und strukturiert Probleme zu lösen und sich Wissen und Kompetenzen anzueignen. Dass aber andererseits zwei „neue" Erfahrungen – die bei dem Malereiwochenende und die in meinem Seminar gemachten – ihm regelrecht eine Tür geöffnet haben. Die ihm zeigten, dass es auch anders geht bzw. es Themen, Situationen, Projekte gibt, bei denen ein kreatives, intuitives, ausprobierendes Vorgehen effektiver und freudvoller sein kann.

Die Hochschule der Zukunft

Es gibt einen wesentlichen Unterschied zwischen einem durchschnittlichen Studenten am KIT heute und mir 1993 in Darmstadt. Wir hatten damals kein „House of Competence", mit Lernangeboten zu Soft Skills und zur Bewältigung von Angst und Stress. Dass es so etwas heute gibt, ist ganz wunderbar und ich wünschte, so etwas hätte es damals schon gegeben.

Hochschulgruppen gab es damals auch schon, aber die einzigen mir bekannten waren entweder Bastelgruppen, die z. B. Roboter für Roboterfußballturniere gebaut haben, Segelflieger oder studentische Unternehmensberatungen. Heute scheint es hier unzählige Angebote zu geben, darunter auch sehr viel gemeinnützige wie die schon erwähnte „Engineers without Borders", für die ich auch schon Workshops abgehalten und Spenden gesammelt habe.

Der Unterschied zu früher ist nach meiner Wahrnehmung aber vor allem der, dass sich zu meiner Zeit viel weniger Studierende neben dem Studium noch für so etwas wie eine Hochschulgruppe engagiert haben. Das mag einerseits daran liegen, dass ein Diplomstudiengang an der TH (TU) einen deutlich größeren Druck und eine höhere Durchfallrate aufwies, als das heute durch die Trennung in Bachelor und Master der Fall ist. Denn die Latte liegt beim Bachelor erst mal niedriger, als das beim Diplom der Fall war.

Es liegt aber andererseits mit Sicherheit auch an dem,

was Rüdiger Maas anhand seiner Studien beschrieben hat, nämlich dass unsere jungen Generationen sich viel mehr für Themen, Projekte und Soziales einsetzen als meine Generation. Und das ist ganz wunderbar!

Mein Wunsch wäre, dass genau davon noch viel mehr passiert, nicht nur auf der heutigen freiwilligen Basis, sondern von den Hochschulen getrieben. Es tut mir leid, aber ich habe den Eindruck, dass Professoren oft noch viel mehr als Lehrer in einer entrückten, mit der realen (Arbeits-)Welt nur noch wenig in Verbindung stehenden Blase leben.

Und bei aller Notwendigkeit, die Fachkenntnisse zu vermitteln, es wäre schön, wenn ein Student wie Jens Becker die Erfahrung, dass es auch noch etwas anderes gibt als Planen und logisches Vorgehen, nicht nur durch ein Stipendium oder auf einem der wenigen Plätze in einem Seminar (das sicher nicht an jeder Uni angeboten wird) machen darf.

Auch müssten Universitäten weniger Wissen in Köpfe stopfen. Vorlesungen, bei denen im Grunde das Buch oder Skript des Professors vorgelesen wird, sind wirklich aus der Steinzeit! Da kann ich als Student auch zuhause selbst lesen oder mir ein gutes Online-Tutorial ansehen. Was wirklich wichtig wäre, das ist zu diskutieren, konkrete Projekte durchzuführen, etwas zu erschaffen, sich wirksam zu erleben. Und auszuprobieren! Forschen ist doch letztlich genau das – ausprobieren. Statt einer Mathe-Vorlesung hat sich schon für mich damals vor allem gelohnt, in die betreuten Übungen, die es in Mathematik, Mechanik und Co. gab, zu gehen. Dort konnte ich dann wenigstens in meinem Tempo selbst üben und verstehen.

Jedenfalls kann schwerpunktmäßige reine Wissensvermittlung nicht unsere Antwort darauf sein, welche Fähigkeiten ein Mensch in 20 Jahren brauchen wird – nicht, wenn Wissen überall und sofort umfassend online verfügbar ist.

Nicht falsch verstehen:

Bei aller Kritik am Hochschulsystem, das genau wie die Schule praktisch keinerlei „Lebenswirklichkeit" vermittelt, und bei allem befremdeten Erstaunen, das die Angehörigen der Generation Z manchmal bei mir verursachen – es ist für mich nach wie vor eine große Freude, mit Schülern und Studenten zu arbeiten. Weil man ihnen noch wirklich etwas mitgeben, sie inspirieren kann. Und weil sie – meistens – auch mit Anfang 20 noch nicht ihre „kindliche" Neugier und Offenheit verloren haben.

Was mich freut und begeistert, ist, dass ich so viele Studenten wie Jens Becker erleben durfte, bei denen ich sicher bin, dass sie alle ihren Weg machen werden.

Nein, es ist nicht alles schlecht, wir entlassen nach wie vor tolle, junge, mündige und kompetente Menschen ins (Arbeits-)Leben. Allerdings muss man auch berücksichtigen, dass ich hier – bildungstechnisch gesehen – die „Elite", die unser Bildungssystem hervorbringt, erlebe.

13. Was einer Reform im Wege steht

Ideologie verhindert gesunden Menschenverstand!

Neulich sprach ich mit jemandem, der den politischen Kreisen von Mainz, sprich der Landesregierung, recht nahesteht und dort viel mitbekommt. Sie sagte: „Bildungspolitik ist pure Ideologie!" Es gehe dieser nicht um Argumente oder sinnvolles Gestalten. Daran werde auch mein Buch nichts ändern.

Das hat mich etwas frustriert, aber bei genauerer Betrachtung auch nicht überrascht. Irgendwie hat man doch den Eindruck, dass sich Landesregierungen aller Couleur vor allem in der Bildungspolitik so richtig austoben und ihre Fantasien und Ideologien verwirklichen. Da gibt's ja auch am wenigsten Widerspruch. Und wer soll da auch groß widersprechen? Verbeamtete Lehrer „dürfen" es nicht, Kinder können es noch nicht und Eltern erfahren auch erst wirklich, was passiert, wenn es umgesetzt wird. Und am wichtigsten: Da praktisch keine wirtschaftlichen Stakeholder außer dem Staat selbst involviert sind, gibt es hier auch von finanzieller oder Unternehmensseite keine ernsthaften „Gegner".

Das Traurige ist nur: Ideologie wird nicht die Zukunft sichern. Und alle vier bis acht Jahre bei einem Regierungswechsel wieder die Richtung (und die Ideologie) zu wechseln, das führt zu gar nichts – außer zu Verwirrung.

Das Parteibuch mal beiseitelegen

Bin ich wirklich zu naiv, wenn ich frage, wieso nicht einfach öfter mal gemeinsam etwas entschieden wird, was einfach naheliegend, richtig, „gut" wäre?

Will sagen: Der Chef, den ich hatte, als ich meine erste Führungsrolle einnahm, gab mir einen wichtigen und guten Rat:

„Wenn du merkst, dass die Mitarbeiter deiner Idee/deinem Vorschlag/deinem Wunsch zu 80% folgen würden, dann versuche nicht, die 100% durchzudrücken!"

Wie wäre es, wenn ihr, liebe Politiker – gleich welcher Partei –, mal wieder öfter an das denken würdet, was richtig, wichtig, nötig und gut für das Land und die Bürger ist? Anstatt dasselbe Spiel zu spielen, das Führungskräfte in Unternehmen gern spielen. Nämlich, dass ein guter Vorschlag schon allein deshalb abgelehnt wird, weil er von der anderen Partei kommt. Oder weil er nur zu 80% dem entspricht, was der Vorschlag eurer Partei ist. Wie wäre es, dann einfach mal zuzustimmen. UM DER SACHE WILLEN. Das würde euch unglaublichen Respekt bei den Bürgerinnen und Bürgern einbringen und DEM LAND UND DEN BÜRGERINNEN UND BÜRGERN DIENEN – und das wäre doch eure Aufgabe!

Politiker = Vorbild

Liebe Politiker, ihr müsstet doch mehr als alle anderen zuallererst mutig als Vorbilder vorangehen!

Seit Jahrzehnten gibt es einen Abbau von Arbeitsstellen durch Rationalisierung in Unternehmen, aber wir leisten uns ein föderalistisches Bildungssystem. Ich weiß, auch die Verwaltungen haben insgesamt viel Personal abgebaut und die Zahl der Verbeamtungen ist gesunken, ebenso wie feste Anstellungen. Es ist also nicht so, dass hier nichts passiert wäre. Aber ein offensichtliches Bürokratiemonster, das auch noch uneinheitliches Leistungsniveau in einer „allgemeinen Hochschulreife" abprüft – das ist wirklich nicht nachvollziehbar.

Die Unternehmen und die Wirtschaft insgesamt – und damit auch alle Arbeitnehmer – werden in den nächsten zehn Jahren gravierende Umwälzungen und vielleicht auch Einschnitte erleben. Ist es da zu viel verlangt, dass gerade die Politik und die Verwaltung sinnvolle Strukturreformen durchführen sollen und dann das eingesparte Geld z. B. wieder direkt in die Bildung investiert wird? Wäre das nicht sinnvoll?

Von uns Bürgern wird so viel verlangt: Mobilität, Solidarität, das Mittragen aller möglichen Themen, sei es Energiewende und das Windrad vor der Tür oder erhöhte Strompreise bis hin zu Zumutungen wie dem Wertverlust eines jungen Euro-5-Diesel-Fahrzeugs, das die kriminellen Konzerne einfach nicht umrüsten wollen bzw. müssen – weil die Politik ihnen einen Freibrief gibt. Dürfen wir da nicht erwarten, dass gerade der Staat mit gutem Beispiel vorangeht?

Bundesregierung und Industrie in Deutschland haben gemeinsam den Begriff „Industrie 4.0" geprägt und auch wir Bürger sollen uns darauf einstellen, dass sich einiges verändert, z. B. im Verkehr. Als Bürger (und da bin ich nicht der einzige) erwarte ich hier, dass vor allem der Staat mal mutig vorangeht und Zeichen setzt, dass Veränderung nötig, wichtig, unvermeidbar ist und am besten JETZT stattfindet, anstatt dieses ewige Zaudern und Rausschieben!

Eine weitere mutige Reform, nämlich die des Bildungswesens (das ja in allen Parteiprogrammen ganz vorne mit dabei ist), inklusive Abschaffung des Föderalismus und einer echten Neuausrichtung, strukturell und inhaltlich – das wäre mal etwas, vor dem Millionen Bürger echten Respekt hätten!

Noch besser: Parteien und Politik entwerfen mal eine wirkliche Utopie eines lebenswerten Deutschlands des Jahres 2040, die Antworten auf all die dringenden Fragen bis hin zum bedingungslosen Grundeinkommen gibt.

Traumtänzerei? Ganz ehrlich: Wir können in Deutschland eines supergut – sagen, was nicht geht. Wie wäre es, mal wieder zu sagen, was geht bzw. (ich wiederhole mich) einfach zu machen. Anstatt nur zu reden und nichts zu tun.

Von „könnte", „müsste", „sollte" haben die Leute dermaßen die Nase voll! Ich kann nur sagen:

Alle sagten: Das geht nicht! Dann kam einer, der wusste das nicht und hat's gemacht.

Es wäre zu schön, wenn das in der Bildung passieren würde ... denn:

Nichts ist schlimmer als nichts zu tun!

14. Was jetzt zu tun ist

Bildungsföderalismus abschaffen – Zentralabitur

Ein unerlässlicher und schon von vielen geforderter Schritt ist die Einführung eines zentralen Bildungssystems. Widerstand all der Personen, die im föderalen Bildungssystem beschäftigt sind und an ihren Posten festhalten werden, inbegriffen.

Wenn die Kultusverwaltung ein Unternehmen wäre, dann würde vermutlich jeder Unternehmensberater vorrechnen, was für immense Einsparungen hier möglich sind, die allen – außer vielleicht den direkt Betroffenen – zugutekämen. Ganz zu schweigen von der Effizienz und vor allem der ja schon lange diskutierten Vergleichbarkeit sowie einem einheitlichen Bildungsniveau.

Aber selbst wenn die Auflösung des Föderalismus in der Bildung niemals Wirklichkeit werden wird – ich kann mir beim besten Willen nicht vorstellen, dass unsere Verwaltungen in Deutschland insgesamt, nicht nur die der Kultusministerien, so weitermachen können wie in der Vergangenheit. Genau wie es heute bei einem Konzern nicht mehr sicher ist, dass ein Sachbearbeiter sein Leben lang den einen Job macht, muss auch in unseren Verwaltungen mehr Flexibilität einkehren und es möglich sein, dass Menschen nicht nur ermöglicht, sondern auch zugemutet werden kann, andere Aufgaben als in den letzten 20 Jahren zu übernehmen. Das ist nicht einfach und das ist unbequem – keine Frage. Aber wenn wir vernünftig mit unserem Staatsapparat und den Steuern umgehen wollen, dann sollte dies möglich sein.

Das Minimum dessen, was schlichtweg sinnvoll und leicht umsetzbar wäre, ist ein Zentralabitur. Ich kann nicht (niemand kann) nachvollziehen, wieso das immer wieder verhindert wird. Ich mache mir jetzt gar nicht erst die Mühe, Sinnhaftigkeit und Vorteile aufzuzählen, denn die kann man wahrlich mit gesundem Menschenverstand spontan aufzählen.

Soft Skills werden Hard Skills

Lehrpläne müssen zukunftsfähig werden! Der „Lebensschule" und den ganz persönlichen (Charakter-) Stärken einen großen Raum zu geben, ist die wichtigste Veränderung des Schulwesens, die angegangen werden muss. Es wurde in diesem Buch mehrfach ausdrücklich beschrieben, wieso das der Fall ist. Die gute Nachricht: Diese Veränderung kann sogar erfolgen, wenn sich sonst praktisch nichts ändert. Selbst in einem föderalen System und wenn sonst alles „beim Alten" bleibt.

Aber hier geht es nicht nur um ein paar Soft Skills. Es geht um viel mehr, nämlich darum, mit Experten aus unterschiedlichen Bereichen die Frage zu stellen: Welche Werte und Fähigkeiten brauchen unsere Kinder, wenn sie im Jahre 2030 oder 2040 in dieser Welt und auf diesem Planeten leben wollen? Das, was diese heute noch jungen oder gar ungeborenen Menschen brauchen werden, um sich selbst und anderen überhaupt ein lebenswertes Leben mit all den Problemen der Erderwärmung, Vermüllung und Rohstoffausbeutung zu sichern – DARÜBER müssen wir an ihrer Stelle heute schon nachdenken.

Die Richtigen auswählen

Elementar und leicht umsetzbar ist, dass überhaupt nur diejenigen ein Lehramtsstudium absolvieren sollten, die auch wirklich dafür geeignet sind.

Prof. Norbert Seibert von der Universität Passau hat eine solche Eignungsprüfung entwickelt.

Seine Teststudenten waren davon begeistert, denn dadurch wurde vielen überhaupt erst bewusst, welche Anforderungen wirklich entscheidend für diesen Beruf sind. Wirkliche Empathiefähigkeit zu haben und gut auf der Bühne stehen zu können zum Beispiel. Und: Resilienz! Wenn ein Lehrer den hohen Anforderungen an diesen Beruf nicht gewachsen ist und krank wird, was laut Statistiken zunehmend der Fall ist, dann ist es sinnvoll, sich mit der Frage der eigenen Resilienzfähigkeit auseinanderzusetzen. Meine Gespräche mit Lehrenden, Studentenvertretungen und auch Studierenden selbst haben leider ergeben, dass die allermeisten, die Lehramt studieren, dies tun, weil sie sich davon Sicherheit versprechen. Wie sollen aber Menschen, die schon in jungen Jahren vor allem nach Sicherheit und Kontinuität suchen, Kinder unterrichten, die in einer immer unsichereren und diskontinuierlichen Welt leben werden?

Ganz nebenbei bemerkt: Es gibt ja mittlerweile Universitäten, die ihre Medizinstudenten nicht nur nach dem Numerus clausus, sondern nach den menschlichen Fähigkeiten auswählen – Gott sei Dank! Auch hier gilt: Was nützt dem Patienten ein Einser-Abiturient, der vielleicht einen hohen IQ (Intelligenzquotienten) aufweist, immer fleißig am Lernen war, dessen EQ (Quotient für emotionale Intelligenz) aber unterdurchschnittlich ist?

Die Teststudenten (vorwiegend Erstsemester) waren jedenfalls dankbar, weil sie z. T. durch den Test selbst bemerkten, dass sie falsche Vorstellungen hatten und in diesem Beruf wohl nicht glücklich würden. So wurde sowohl den Studierenden als auch den Generationen von Schülerinnen und Schülern, auf die diese als Lehrer getroffen wären, ein riesengroßer Gefallen getan. [13]

Den Lehrerberuf aufwerten!

Ein bisher verbeamtetes Lehrerdasein plötzlich an einen Wettbewerbsgedanken zu knüpfen, ist für die Betroffenen sicher ein Affront.

Dennoch: Alle Lehrerinnen und Lehrer, mit denen ich gesprochen habe, sind hoch motiviert und geben wirklich ihr Bestes (inklusive ihrer Freizeit), um guten Unterricht zu vermitteln, mit den Kindern Theater zu spielen, zu musizieren u. v. m.

Sie alle wollen ihren Schülerinnen und Schülern Wissen, Bildung, aber auch Reife und Selbstvertrauen vermitteln. Es sind wirkliche Menschenfreunde, die ihr Bestes geben, um Kindern und Jugendlichen die Grundlagen für ein erfolgreiches und gelungenes Leben zu vermitteln.

Insofern hätte ich bei keinem der Genannten Bedenken, dass sie sich in einer Wettbewerbssituation behaupten. Im Gegenteil. Sie wären Gewinner in einer wie in Kapitel 3 beschriebenen Schulrealität.

Viele wünschen sich mehr Zeit, ihre Sache gut zu machen. Mehr Zeit auch für die Schülerinnen und Schüler und die Beziehung zu ihnen. Für all die Themen, die es außerhalb der 45 Minuten Wissensvermittlung gibt.

Sie nutzen auch heute schon die Freiheit und den Gestaltungsspielraum, den sie ja haben, und unterrichten nicht unbedingt immer nur das, was im Lehrplan steht. Jedenfalls nicht eins zu eins. Und das ist auch gut so!

Klar ist aber auch, dass Veränderungen wie die beschriebenen inhaltlich, vor allem aber strukturell für Betroffene, egal ob Lehrer oder Verwaltungsbeamte, ein schwerer Schlag sind. Solch gravierende Veränderungen machen Angst und bedeuten für viele, sich eine neue Tätigkeit suchen zu müssen. Das ist hart. Ich habe als Führungskraft mehrfach erlebt, wie schlimm es für Mitarbeiter alleine schon sein kann, an einen Schreibtisch im Nachbarbüro „versetzt" zu werden.

Aber langfristig gesehen würde der Lehrerberuf und -stand doch massiv aufgewertet werden! Genau wie in der Automobilindustrie voraussichtlich viele Menschen ihren Job durch die Einführung von Elektro- oder Wasserstoffmobilität verlieren werden, so wird es auch in anderen Branchen zu schmerzhaften Umbrüchen kommen – und auch der Staat ist davor nicht gefeit.

Übrigens heißt Wettbewerb unter Lehrern nicht zwangsläufig, dass es keine Verbeamtungen mehr gibt. Es ist sicher möglich, hier eine sinnvolle Vergütungslogik auszuarbeiten.

Nachmittagsbetreuung

„Und mittags geh ich heim" ist der Titel eines ausgezeichneten Buches von Detlef Lohmann, der darüber geschrieben hat, wie man mit gesundem Menschenverstand ein Unternehmen hin zu mehr Eigenverantwortung und Vertrauen umgestalten und damit überaus erfolgreich sein kann.

Was ich mich als z. T. alleinerziehender Vater eines 4-jährigen Sohnes allerdings frage, ist: Wie kann es sein, dass mein Sohn momentan von 8 bis 16 Uhr in den Kindergarten geht (nicht immer, aber es ist möglich, wenn es nötig ist), doch sobald er dann in die Grundschule kommt, habe ich bzw. werden wir nachmittags ein Problem haben.

Schon so lange wird von Kitas, einem Recht auf einen Kita-Platz usw. gesprochen, aber Ganztagsschulen musst du mit der Lupe suchen. Das ist für mich als Elternteil ein echtes Problem.

Dabei will ich gar nicht leugnen, dass ich noch bevor

ich Vater wurde, auch eher das konservative Idealbild von Familie hatte, in der nachmittags jemand zuhause ist, wenn das Kind (die Kinder) von der Schule kommt (kommen). So wie das bei mir auch der Fall war.

Leider hat mich hier aber auch eine andere Realität eingeholt und noch bin ich relativ ratlos, wie das in zwei Jahren werden soll, wenn die Schule beginnt. Warum also nicht investieren und diese Nachmittagszeit sinnvoll nutzen? Wobei ich es nicht gut fände, wenn der ganze Nachmittag für die Kinder klar strukturiert und verplant wäre – auf keinen Fall.

Was sowohl an der Grundschule als auch bei den weiterführenden Schulen (außer bei den Gesamtschulen vielleicht) fehlt, ist die Gestaltung des Nachmittags!

Wieso nicht „Kann-Angebote" machen? Es könnte also z. B. Räume zur Erledigung der Hausaufgaben geben, evtl. auch betreut, also mit einem Lehrer als Ansprechpartner oder Aufsicht. Andererseits könnten die Kinder auch einfach den Sportplatz, die Halle oder was an Möglichkeiten geboten wird, nutzen.

Notfalls könnte man hier ja – ganz deutsch – einen Plan machen, in dem nachmittags z. B. die Turnhalle von 13 bis 14 Uhr für Fußball, von 14.15 bis 15.15 Uhr für Basketball und von 15.30 bis 16.30 Uhr für Völkerball reserviert ist. Hier kann ein Schulleiter einfach hinsehen und darauf reagieren, was passiert. Beobachten, was angenommen und gewünscht wird, und dann darauf reagieren. Oder ganz mutig sein und maximale Selbstorganisation zulassen, was nicht heißt, dass es keine Regeln – oder besser „Prinzipien" gibt, die als Leitplanken dienen. Vorstellbar wären auch z. B. Angebote wie Musik, Theater o. Ä.

Und – ganz wichtig – natürlich sollten diese Angebote nicht nur für die Schülerinnen und Schüler der betreffenden Schule gelten, sondern für alle Kinder, egal auf welche Schule sie gehen. So könnten die Schulhöfe und Sportplätze ein Begegnungsort für alle Kinder aus der Gegend werden. Das wiederum würde zumindest das Potenzial bieten, dass Gymnasiasten mit Real- oder Hauptschülern spielen und dies zu gesellschaftlichem und sozialem Verständnis füreinander sowie zu mehr Zusammenhalt führt.

Es könnte eine Reihe von Problemen lösen, so z. B., dass Alleinerziehende in Vollzeit arbeiten könnten. Und das wäre für viele sicher eine unglaubliche Erleichterung und Entlastung. Und da unsere Wirtschaft händeringend Fachkräfte sucht, würde auch hier Potenzial frei, das heute gebunden ist.

Ausbildung fördern

„Krasser werdende Differenzen stellten die Forscher

bei der regionalen Verteilung der Ausbildungsplätze fest: Während sich die jungen Leute in vielen Ballungsgebieten um die Lehrstellen balgen müssen, suchen Betriebe in ländlichen Gebieten oft händeringend nach geeigneten Azubis. Ähnlich wie beim Hochschulpakt müsse man auch bei der Berufsausbildung zu mehr Umverteilung kommen, betonte Wanka. ‚**Wir müssen dafür sorgen, dass Jugendliche mobiler werden.‘**" [14]

Dieser Artikel aus der „Welt", der aus dem Bildungsbericht 2016 zitiert, zeigt, dass Investitionen in potenzielle Auszubildende als Anreiz, ihre Heimat zu verlassen, gut angelegt wären. Unternehmen und Staat könnten sich hier paritätisch einbringen.

Vielleicht hilft ja auch die „Lebensschule" schon, deutlich reifere, neugierigere und mutigere junge Menschen hervorzubringen, die nicht ewig im Nest der Eltern sitzen wollen, sondern von sich aus den Sprung ins kalte Wasser und in die Fremde wagen.

Selbstorganisation wagen: Alle Macht den Schulleitern!

Das Wort Selbstorganisation ist nun schon oft gefallen. Es geht dabei nicht darum, dass jeder machen kann, was er will. Es braucht einen Rahmen, es braucht Ziele, Werte, Inhalte und Prinzipien. Es geht also darum, was eigentlich vermittelt werden soll. Wie die Schule, wie die Lehrerrolle, wie das Zusammenwirken gestaltet werden sollen. Und was dabei herauskommen soll.

Wenn jede Schule (mehr) Budget bekommt, so viel, dass es möglich wird, höchst eigenverantwortlich (selbstorganisiert, selbstverantwortlich usw.) zu agieren und zu gestalten, dann wäre das ein großer Schritt in Richtung „sich selbst organisierender Schulen". Die Schulleiter und Lehrer vor Ort wissen am besten, ob sie ein oder zwei Schulsozialpädagogen brauchen oder vielleicht gar keinen. Vertrauen wir doch denen, die „am nächsten dran" sind. Sie wissen, was richtig ist!

15. Die Agenda für das (die) nächste(n) Kultusministertreffen

1. **Föderalismus abschaffen**
   Freiwillige Auflösung aller Kultusministerien und Übergang in ein zentrales Bildungsministerium.

2. **Im neuen, zentralen Ministerium werden mit Unterstützung von diversen Experten neue Lehr- und Lernpläne erarbeitet**
   Dabei ist die zentrale Frage: Was werden Schulabsolventen in Zukunft für Fähigkeiten besitzen müssen, um erfolgreich zu sein? Welche Werte braucht es, die unserer Gesellschaft insgesamt eine lebenswerte Zukunft ermöglichen?

3. **Prüfungen und deren Anforderungen werden einheitlich festgelegt**
   Aus den Definitionen von Punkt 2 werden Prüfungen abgeleitet, die Vergleichbarkeit und Nachweisbarkeit sicherstellen. Das Ziel der Prüfungen und damit auch die entsprechende Gestaltung ist kein reines Abfragen von Faktenwissen, sondern muss

so gestaltet sein, dass auch Soft Skills und Kreativität Kriterien sind.

Nicht nur Abschlussprüfungen, auch die vierteljährlichen Prüfungen über die Themenkomplexe werden heruntergebrochen und definiert, so dass Schulwechsel möglich sind.

4. Unterricht und Prüfungen werden getrennt

Nicht der Lehrer, der ein Fach unterrichtet, ist auch der Prüfer, sondern es wird getrennt wie im Prinzip „Fahrschule". Es gibt die Vorbereitung auf Prüfungen – den Unterricht – und es gibt die Prüfung selbst.

5. Wer Lehrer werden möchte, muss sich einem Auswahltest unterziehen

Dieser dient sowohl der Qualitätssicherung und beruflichen Eignung wie auch dem Schutz des Bewerbers selbst.

Quereinsteiger sind willkommen, müssen aber ebenfalls den Test bestehen und eine vernünftige pädagogische Grundausbildung sowie Praxiseinheiten absolvieren, bevor sie selbst lehren dürfen.

6. Personal entsprechend den Anforderungen bereitstellen

Um die Veränderungen umzusetzen, muss die Anzahl der Lehrkräfte und Sozialpädagogen auf den tatsächlich benötigten Bedarf angepasst werden. Inklusive eines Puffers für erkrankte Lehrer. Die Sicherstellung von permanentem Unterricht und durchgängiger Betreuung muss gewährleistet sein.

7. **Lehrkräfte stellen sich dem Wettbewerb**
Es wird eine Form des Wettbewerbs eingeführt, idealerweise eine, die es den Schülern ermöglicht, sich ihre Lehrer auszuwählen. Jeder Schüler ist anders, jeder Lehrer auch – die, die zusammenpassen, werden den größten Erfolg und Spaß beim Lehren und Lernen haben.

8. **Flächendeckende Nachmittagsbetreuung**
Die Nachmittage können in der Schule verbracht werden, es besteht aber kein Zwang.

9. **Selbstorganisation von Schulen ermöglichen**
Bis auf Rahmenbedingungen und Prüfungsvorgaben sind die Schulen weitestgehend selbstorganisiert. Sie haben ausreichend Budget zu Verfügung und Entscheidungsmacht, um das Richtige und Passende für sich und die Schüler zu tun.

10. Ausbildung fördern

Ausbildung darf nicht daran scheitern, dass Jugendliche nicht ihr Elternhaus verlassen können oder wollen. Hier sollten Anreize geschaffen werden, die die Mobilität fördern.

Für Universitäten besteht der Handlungsbedarf hauptsächlich darin, nicht nur Wissen frontal zu lehren, sondern auch (Selbst-)Wirksamkeit erlebbar zu machen.

16. Schule 2030 – Eine Utopie

Max ist 11 Jahre alt und besucht die 6. Klasse der örtlichen Albert-Einstein-Gesamtschule. Er hat allerlei erlebt in den letzten eineinhalb Jahren. Er gehört dem ersten Jahrgang der Schule an, der im neuen Schulsystem lernt. Seine Schwester Ida geht in die 9. Klasse. Sie ist 14 Jahre alt und wird bis zu ihrem Abschluss, vermutlich dem Abitur, nach dem „alten" System unterrichtet werden.

Wenn Max erst einmal 14 ist, darf er seinen Unterrichtsbesuch frei wählen. Er muss gar nichts. Er kann. Er weiß dann genau, was er für die verschiedenen Abschlüsse leisten und in Prüfungen nachweisen muss – wie und bis wann er das erbringt, ist aber egal. Klassisches Sitzenbleiben gibt es nicht mehr, denn man hat Unterricht und Prüfungen voneinander getrennt. Ein Schüler meldet sich dann zur Prüfung an, wenn er glaubt, dafür bereit zu sein. Und man kann diese Prüfungen beliebig oft wiederholen. Max könnte das, was er im Fach „Geschichte" für einen früher „Mittlere Reife" genannten Abschluss benötigt, auch jetzt schon – bis Ende der 8. Klasse – erbringen und prüfen lassen.

Von der 5. bis zur 8. Klasse haben die Schüler noch nicht die volle Wahlfreiheit. Sie müssen eine bestimmte Anzahl Stunden und Grundlagenfächer besuchen, können sich aber den zu ihnen passenden Lehrer aussuchen. Sie haben auch die Möglichkeit, einen Teil des Unterrichts selbst zu wählen und zu vertiefen, zum Beispiel im Fach Geschichte. Wenn Geschichte sie interessiert, so können sie diesen Unterricht schwerpunktmäßig in ihren freien Zeitfenstern belegen. Das gilt auch für höhere Klassen. Max könnte also auch in einen Geschichtsunterricht gehen, der Themen der 8. oder 9. Klasse behandelt.

Die Grundschulzeit war für Max und Ida übrigens identisch. Hier waren klare Bezugspersonen und Strukturen wichtig, daran wurde nichts verändert.

Nach der Grundschule war Max als junger Schüler der 5. Klasse nicht auf sich allein gestellt, denn er ist Teil einer Jahrgangsgruppe. Die Jahrgangsgruppen sind kleiner als frühere Klassen, sie bestehen aus 10 bis 15 Schülern. Diese haben nicht automatisch den gleichen Unterricht – nicht bei den Zeitfenstern, die frei gewählt werden können. Und auch nicht, falls verschiedene Lehrer zum Thema zur Auswahl stehen und sie sich für diesen oder jenen entscheiden.

Einen Klassenlehrer wie in der Grundschule oder

wie ihn Ida noch hat, gibt es für Max nicht mehr. An seine Stelle ist ein Lerncoach gerückt. Dieser ist Max' engste Bezugsperson und erster Ansprechpartner. Er erklärt, begleitet und berät die Schüler einer Jahrgangsgruppe, wie sie Fächer wählen, was sie beachten müssen, und hilft bei Problemen aller Art. Dafür ist der Lerncoach, der selbst Lehrer oder Sozialpädagoge ist, entsprechend freigestellt.

Es gibt außerdem eine Einführungswoche in jedem neuen Schuljahr, in der die Schüler intensiv durch den Lerncoach betreut werden, aber auch die Möglichkeit haben, in die „Probe- bzw. Kennenlernstunden" eines jeden Lehrers zu gehen, auch altersübergreifend. Hier geht es nicht um Inhalt, sondern darum, wer da vorne steht und ob man als Schüler gerne von dieser Person unterrichtet werden möchte.

Aus den früheren Lehr- und Prüfungsplänen sind neue entstanden. Wie ein Lehrer die Inhalte vermittelt, die zu einer erfolgreichen Prüfung führen, ist ihm überlassen. Auch im Selbststudium können Schüler sich die prüfungsrelevanten Kenntnisse aneignen.

Die Prüfungsinhalte sind Themenkomplexe, die im Fach Geschichte z. B. den Zweiten Weltkrieg behandeln. Oder im Fall von Mathematik kann ein Themenkomplex die einfache und erweiterte Bruchrechnung sein.

Themenkomplexe umfassen in etwa so viel, dass vierteljährlich in allen Fächern Prüfungen („Arbeiten") darüber stattfinden können. Die Schüler können sich dafür anmelden, müssen aber nicht. Damit nicht alle Prüfungen in ein bis zwei Wochen zusammenfallen, werden sie zeitlich etwas entzerrt und auf vier Wochen verteilt.

Es wird mehr mit offenen Fragen gearbeitet. Wenn Max einmal die Geschichtsprüfung über den Zweiten Weltkrieg absolviert, so wird er feststellen, dass diese nur noch zu einem aus Teil Wissensfragen, einem weiteren Teil aus Quelleninterpretation und einem kleinen Aufsatz besteht. Das Neue daran ist, dass offene Fragen in der Form von „Was war für dich/Sie das Wichtigste, Einschneidendste …?" gestellt werden. In den Aufsätzen können Max und seine Freunde dann zeigen, ob sie sich wirklich mit der Materie beschäftigt haben oder nicht.

Neu ist auch, dass Max schon genau weiß, was er für seine möglichen Abschlüsse benötigt. Die Inhalte und Prüfungsanforderungen der gesamten vor ihm liegenden Schulzeit sind transparent und ihm bekannt. Besonders gefällt dem sensiblen Jungen, dass dazu jetzt auch sogenannte Soft Skills, die bisher im Schulwesen gar nicht in Erscheinung getreten waren, gehören. Seit sich seine Jahrgangsgruppe mit Beginn der 5. Klasse damit beschäftigt, kann Max gar nicht genug davon bekommen.

Noch debattieren die Bildungspolitiker darüber, ob es nur noch Gesamtschulen geben soll oder der Weg zurück zu einem mehrgliedrigen Schulsystem der beste wäre. Einerseits ist denkbar, dass Schüler, wenn sie merken, dass sie über- oder unterdurchschnittlich schnell sind bzw. dem Unterricht folgen können oder eben nicht, die Schule dementsprechend wechseln. Denn selbst wenn Unterricht und Prüfungen entkoppelt sind, so macht es keinen Sinn, dass ein Kind permanent hinterherhinkt – oder sich langweilt.

Denkbar ist aber auch, dass es nur noch Gesamtschulen gibt und ein entsprechendes „Mehr" an Lernangeboten bzw. Kursen mit höherem Niveau für höhere Abschlüsse existiert.

Eines ist allen klar: Es ist eine aufregende Zeit! Lehrer und Schüler befinden sich in einer Übergangsphase, in der sie experimentieren und justieren müssen. Vielleicht ist eine freie, eigenverantwortliche Wahl eines Teils an Unterrichtsinhalten auch erst ab der 7. oder 8. Klasse sinnvoll? Dennoch sind sich fast alle einig: Kinder wollen etwas lernen. Und sie sollten darin bestärkt werden, dem zu folgen, was sie anzieht. Die Anziehung erzeugt zu einem Teil die Thematik an sich – zum anderen Teil aber auch die Personen, die diese

Thematik vermitteln.

Demnächst werden Ida und Max mit ihren Eltern umziehen, in ein anderes Bundesland. Kein Problem mehr für Max! Für Ida schon eher, jedoch wurden die Anforderungen und Prüfungsrichtlinien für das Erreichen von Klassenzielen und Abschlüssen bundesweit vereinheitlicht, so dass der Wechsel nicht mehr so schwierig werden wird, wie das noch vor der Bildungsreform der Fall gewesen wäre.

Alles utopisch?

Ja, klar – noch ist es das. Aber es liegt doch nur in unseren Händen, ob es eine Utopie bleibt oder ob wir unsere Zukunft proaktiv gestalten. Ob wir als Staat und Gesellschaft ein Bildungs- (Verkehrs-, Gesundheits-, ...) System schaffen, das Kinder (Umwelt, Patienten, ...) in den Mittelpunkt stellt. Und bei Bedarf dem schnellen Wandel und den tatsächlichen Wirklichkeiten angepasst werden kann. Ja, das ist mühsam. Aber ist es nicht besser, das reaktive Hinterherlaufen durch ein iteratives, immer am Puls der Zeit orientiertes Handeln zu ersetzen?

Das hier Beschriebene kann natürlich nur eine grobe Skizze mit Impulsen und Ideen sein. Es ist noch viel zu tun, bis hieraus ein ausgereiftes und bis ins Detail durchdachtes Konzept wird. Jeder kritisch denkende Mensch wird hierzu eine Reihe von „Wenn" und „Aber" anführen können. Aber ein bis ins Detail umsetzbares Konzept ist nicht der Anspruch dieses Buches. Dafür müssen Experten quer durch die Gesellschaft Arbeitsgruppen bilden, die das ausarbeiten. Hier geht es nur darum, überhaupt Ideen und Impulse zur Diskussion zu stellen und eine Debatte anzustoßen. Eine Debatte, wie sie beim Thema Umwelt stattgefunden hat und immer noch stattfindet – und die ein erster Schritt zur Veränderung sein kann.

Fridays for Education!

Ich war selbst noch nie auf einer Demonstration. Umso erfreuter bin ich über die „Fridays for Future"-Bewegung. Und zwar mal ganz unabhängig davon, ob das Schuleschwänzen gut oder schlecht ist, ob die Klimaforderungen angemessen oder überzogen sind, bzw. die Demos mittlerweile vielleicht auch wieder eingestellt werden könnten, weil jetzt doch ein neues Bewusstsein für Umwelt in der Politik angekommen ist.

Unabhängig von alledem: Ich bewundere es und finde es toll, dass hier junge Menschen mit Idealismus auf die Straße gegangen sind und nicht lockergelassen haben, bis die Botschaft tatsächlich gehört wurde. Der absolut traurige und enttäuschende Part ist, dass eine große Koalition es jahrelang nicht geschafft hat, ohne diesen Druck der Straße auch nur irgendetwas zu tun. Das ist wirklich erbärmlich.

Aber zurück zur Hoffnung: Diese Bewegung hat gezeigt, dass es möglich ist, etwas zu verändern, zu bewegen, selbst Politiker.

Und das macht mir Mut, daran zu glauben, dass das auch bei anderen wichtigen Themen – wie der Bildung – möglich ist.

Liebe Schülerinnen und Schüler, liebe Eltern, bitte geht auf die Straßen und demonstriert für eine neue Bildung! Die Politik kann handeln und an einem Strang ziehen; das tun, was nötig ist. Aber manchmal muss man sie daran erinnern …

Anhang

Gute Beispiele, die zeigen, dass es auch ohne die Politik geht

element-i
https://www.element-i.de/

Elisabethenschule Frankfurt am Main
http://www.elisabethenschule.net/achtsamkeit.html

Evangelische Schule Berlin Mitte
https://www.ev-schule-mitte.de

Freie Schule Anne-Sophie
https://www.freie-schule-anne-sophie.de

Montessori.de
http://www.montessori.de/montpaed.php

Schule im Aufbruch
https://www.schule-im-aufbruch.de

Teach First Deutschland
https://www.teachfirst.de/ueber-uns

Quellen

[1]   Andreas Eschbach: *Ein König für Deutschland*.
        Bergisch-Gladbach 2009.

[2]   Wirtschaftslexikon 24: *Taylorismus*.
        http://www.wirtschaftslexikon24.com/d/
        taylorismus/taylorismus.html

[3]   Prof. Dr. Christian Belz: *Gesunder Menschenver-
        stand und Augenmaß im Management*.
        https://vertriebszeitung.de/gesunder-
        menschenverstand-und-augenmass-im-
        management-2/.html

[4]   Gerald Hüther: *Interview mit dem BR*. München
        2016.
        https://www.br.de/nachricht/gerald-huether-
        kinder-100.html

[5]   Wikipedia, Artikel *Mündigkeit (Philosophie)*.
        https://de.wikipedia.org/wiki/
        Mündigkeit_(Philosophie).html

[6]   Karrierebibel: *Mindset.*
        https://karrierebibel.de/mindset.html

[7]   Rheinland-Pfalz.de: *Medienkompetenz macht Schule 2018.*
        https://medienkompetenz.bildung-rp.de/
        schulen/projekt-schulen-2018.html

[8]   Medienkompass Rheinland-Pfalz.
        https://medienkompass.bildung-rp.de

[9]   Reportage 3sat: *Das manipulierte Bild.*
        In der Mediathek bis 2024 abrufbar, oder hier:
        https://www.3sat.de/wissen/wissenschafts-
        doku/das-manipulierte-bild-102.html

[10]   Fastbrick Robotics
        https://www.youtube.com/watch?v=A6IQB5S1
        N5I

[11]   Barmer Krankenkasse: *Arztreport 2018*
        https://www.barmer.de/gesundheit-verstehen/
        psychische-gesundheit/psychisch-kranke-
        studierende-227846.html

[12]   Maas, Rüdiger: *Generation Z für Personaler und Führungskräfte: Ergebnisse der Generation-Thinking-Studie.* München 2019.

[13]   BR-alpha: *Lehrer kann jeder – oder?*
         https://www.br.de/fernsehen/ard-alpha/
         sendungen/campus/lehramt-eignungstest-
         100.html

[14]   Welt online, Artikel *41 Prozent der Jugendlichen*
         machen inzwischen Abitur
         https://www.welt.de/print/die_welt/politik/
         article156291438/41-Prozent-der-Jugendlichen-
         machen-inzwischen-Abitur.html

[15]   Zukunftsinstitut: *Megatrend New Work*
         https://www.zukunftsinstitut.de/dossier/
         megatrend-new-work.html

Abbildungsverzeichnis

Abb. 1 Getränkeabfüllanlage
Copyright © Alba_alioth/Shutterstock.com

Abb. 2 Spaghetti in kochendem Wasser
Copyright © Nanisimova/Shutterstock.com

Abb. 3 Komplizierte und komplexe Systeme
Eigene Darstellung
Copyright © Kai Aselmeyer

Abb. 4 Unser Partykeller, gebaut 1988
Eigene Aufnahme
Copyright © Kai Aselmeyer

Abb. 5 Durch 3D-Druck entstandene Villa
d-shape, Enrico Dini
Copyright © Paolo Deiana/Arch

Literaturempfehlungen

Hüther, Gerald; Heinrich, Marcell; Senf, Mitch: *#Education for future*. München 2020.

Laloux, Frederic: *Reinventing Organizations*. München 2015.

Lohmann, Detlef: *... und mittags geh ich heim*. Wien 2012.

Maas, Rüdiger: *Generation Z für Personaler und Führungskräfte: Ergebnisse der Generation-Thinking-Studie*. München 2019.

Precht, Richard David: *Jäger, Hirten, Kritiker*. München 2020.

Rautenberg, Werner; Rogoll, Rüdiger: *Werde, der du werden kannst*. Freiburg im Breisgau 2001.

Robinson, Ken; Aronica, Lou: *Wie wir alle zu Lehrern und Lehrer zu Helden werden*. Salzburg 2015.

Sinek, Simon: *Finde dein Warum: Der praktische Wegweiser zu deiner wahren Bestimmung*. München 2018.

Winterhoff, Michael: *SOS Kinderseele*. München 2015.

Begriffsklärungen

Die wesentlichen im Buch benutzten Begriffe seien hier mit meinen eigenen Worten und so, wie ich sie verstehe, in Kürze erklärt. Alle Begriffe sind leicht im Internet nachzuschlagen. Wer also hier gerne tiefer gehen möchte, möge bitte eine Suchmaschine benutzen.

Agiles Arbeiten

Agiles Arbeiten bedeutet für mich vor allem, ein ganz bestimmtes Mindset zu haben. Einfach nur nach „Scrum" zu arbeiten, würde zwar bedeuten, nach einer agilen Methodik zu arbeiten, wirklich agil zu arbeiten heißt für mich aber, mit gesundem Menschenverstand das Richtige zu tun. Oder eben auszuprobieren. Auf jeden Fall aber, aufgrund einer bestimmten Haltung zu agieren und einem höheren Ziel bzw. Sinn zu folgen.

Agilität

Agilität ist genau wie agiles Arbeiten zu dem wichtigsten

Schlagwort modernen Arbeitens und Führens geworden. Eigentlich meint der Begriff ja Gewandtheit, Wendigkeit oder Beweglichkeit. In Bezug auf Organisationen und Personen bzw. in Strukturen und Prozessen ist aber gemeint, flexibel auf unvorhergesehene Ereignisse und neue Anforderungen adäquat reagieren zu können. Und nicht nur das: Agil zu sein heißt nicht nur zu reagieren, sondern vielmehr auch, proaktiv zu agieren und Dinge auszuprobieren oder auch etwas zu riskieren.

Feedbackkultur

Feedback oder auch einfach dem Gegenüber Rückmeldung (Lob und Kritik, aber auch Wertschätzung) zu geben, ist wahrlich keine neue Erfindung oder ein neuer Wert in Unternehmen. Dass Feedback wichtig ist und einen Beitrag zur Weiterentwicklung Einzelner sowie des Unternehmens leistet, wird im Berufsleben schon lange propagiert. In klassischen Führungskräftetrainings war damit aber vor allem das gekonnte Feedbackgeben des Chefs in Richtung seiner Mitarbeiter gemeint. Heute – auch durch die schon erwähnten, andersdenkenden Generationen – ist immer mehr vom 360°-Feedback die Rede, was im Prinzip meint, dass jeder jedem Feedback gibt, damit sich alle weiterentwickeln können. Allerdings ist Feedback geben für die meisten immer noch ein unangenehmes und gern vermiedenes Thema.

Fehlerkultur

Eine gute Fehlerkultur wird in Unternehmen auch schon seit Jahrzehnten propagiert. Damit ist gemeint, dass Mitarbeiter einen Fehler, den sie entdecken oder selbst verursacht haben, ohne Furcht vor Tadel oder Konsequenzen kommunizieren können. Die Realität sieht leider immer noch anders aus. Nämlich so, dass die Mitarbeiter negative Konsequenzen fürchten und daher entweder so lange wie möglich Fehler vertuschen oder anderen in die Schuhe schieben. Letztlich ist die Ursache dafür aber tatsächlich die Führungs- bzw. Unternehmenskultur. Entscheidend ist die direkte Führungskraft: Wenn der Chef glaubwürdig vermittelt, dass Fehler passieren (dürfen), und sie offen kommuniziert werden können, dann werden Mitarbeiter dies auch tun. Und dann können allen viel Zeit und Verluste erspart bleiben, indem dieser Fehler nicht entsprechende Qualitätseinbußen oder andere Kosten oder Verzögerungen verursacht. Und indem das ganze zeitraubende „Wer ist schuld?"-Spiel vermieden wird.

Kollektive Intelligenz/Schwarmorganisation

Die Annahme, dass eine größere Gruppe von Menschen zumeist in ihrer Summe richtige und zutreffende Einschätzungen abgibt, hat sich in Experimenten gut zeigen lassen, z. B. im „Jellybean Experiment" (Youtube: BBC: The Code – The

Wisdom of the Crowd). Ob es immer richtig und sinnvoll ist, einfach die Masse entscheiden zu lassen – darüber streiten sich die Geister. Bezogen auf Arbeits- und Unternehmens-welt ist damit gemeint, dass entweder in einer weitgehend selbst organisierten Firma wichtige Entscheidungen durch Abstimmung aller Mitarbeiter erfolgen oder aber, dass Pro-jektgruppen maximal „divers" sind, also aus Personen ver-schiedener Geschlechter, fachlichem Hintergrund, unter-schiedlicher Altersklassen, mit verschiedenen Berufserfahrungen etc. bestehen und so die Wahrscheinlich-keit erhöht wird, möglichst alle Aspekte einer Sache oder Her-ausforderung bestmöglich zu berücksichtigen.

New Leadership

Ob New Leadership wirklich so neu ist, sei einmal dahinge-stellt. Aus meiner Sicht haben gute Führungskräfte schon immer so geführt, wie dieser Begriff es heute vermitteln will. Gemeint ist, dass Führung von oben mit Command & Con-trol und qua Amt nicht mehr funktioniert. Gut funktioniert hat es aber nie. Jedenfalls nicht bei mündigen, klugen Mitar-beitern. Das heutige Credo ist also eines, das eigentlich schon immer einen guten Leader ausgemacht hat: eine Haltung, die da heißt: „Ein guter Chef schafft sich selbst ab", indem er seine Mitarbeiter befähigt, unterstützt und in die Lage ver-setzt, selbstständig an ihren Themen und Herausforderun-

gen zu arbeiten. Letztlich geht es darum, zu vertrauen, los-
zulassen und Eigenverantwortung zu fördern, da, wo sie an-
genommen wird.

New Work

Unter dem Megatrend New Work werden so viele Dinge ver-
ortet, dass ich hier eine Definition wähle, die meiner am
nächsten kommt:

New Work beschreibt einen epochalen Umbruch, der mit der
Sinnfrage beginnt und die Arbeitswelt von Grund auf um-
formt. Das Zeitalter der Kreativökonomie ist angebrochen –
und es gilt Abschied zu nehmen von der rationalen Leis-
tungsgesellschaft. New Work stellt die Potenzialentfaltung
eines jeden einzelnen Menschen in den Mittelpunkt. [15]

Scrum

Wer die genaue Vorgehensweise bei der Scrum-Methode ver-
stehen will, möge den Begriff bitte auch im Internet recher-
chieren.

Aus der agilen Softwareentwicklung stammend, ist Scrum
eine Methode, die davon ausgeht, dass Projekte aufgrund ih-
rer Komplexität nicht im Voraus detailliert planbar sind. Da-
her erfolgt die Planung nach dem Prinzip der schrittweisen

Verfeinerung, der Iteration, wobei die Entwicklung des Systems oder Produkts durch das Team nahezu gleichberechtigt erfolgt.

Was oft missverstanden wird: Hier wird nach klaren Regeln und kleinen, gut geplanten Einheiten vorgegangen. Es ist also nicht so, dass jeder tun kann, was und wann er es will. Das ist auch ein häufig vorkommendes Missverständnis beim Thema des agilen Arbeitens: Agiles Arbeiten bedeutet nicht automatisch, frei von jeglichen Zwängen zu sein.

Selbstorganisation

Unter Selbstorganisation versteht man im Unternehmenskontext, dass sich Bereiche, Teams, Projektgruppen bis hin zur nahezu vollständigen Organisation „selbst organisieren". Sprich, bis auf meist zentral als Dienstleistung für alle Bereiche bereitgestellte Services, wie z. B. die Buchhaltung oder Personalverwaltung bzgl. Gehaltsabrechnungen etc., sind die Teams so aufgestellt, dass sie selbst (je nach Branche) einkaufen können, also Budgets verwalten, Personal einstellen oder die komplette Arbeitsplanung, Einteilung, Ausführung, Bedarf an Qualifikation usw. durchführen (dürfen). Konkrete Beispiele findet man in: Laloux, Frederic: *Reinventing Organizations*, München 2015.

Vertrauenskultur

Unter Vertrauenskultur verstehe ich vor allem, dass Führungskräfte ihren Mitarbeitern vertrauen. Dieses Vertrauen umfasst einerseits den Glauben an die Kompetenzen und Fähigkeiten des einzelnen Mitarbeiters, dass er oder sie seine Funktion gut erfüllen kann. Wenn dies nicht der Fall ist, wäre ein Gespräch der richtige Schritt und das Angebot zu Weiterqualifikation und Hilfestellung. Oder man bespricht gemeinsam, ob vielleicht andere Aufgaben passender wären. Hier ist auf jeden Fall Unterstützen und Fördern das Mittel der ersten Wahl. Vertrauenskultur heißt für mich aber auch, tatsächlich Mitarbeiter zu ermächtigen, bzw. es ihnen schlichtweg offiziell „zu erlauben", selbst Entscheidungen ohne Rücksprache zu treffen (welche genau, kann man z. B. sehr schön beim „Delegation Poker" aushandeln). Ein weiterer Aspekt von Vertrauenskultur wären z. B. Reiseabrechnungen und Homeoffice. Wenn ich wirklich Mitarbeitern vertraue, dann müssen diese Dinge nicht einem hohen bürokratischen Rechtfertigungsapparat unterworfen werden. Selbst wenn es schwarze Schafe und geringen Missbrauch geben sollte – unterm Strich lohnt sich dieses Vertrauen.

VUCA

VUCA ist ein Akronym aus folgenden Begriffen:

V – Volatility

Flüchtigkeit.

Eine Welt, die sich ständig verändert und immer unvorhersehbarer wird. Kleine Veränderungen können große Wirkung haben.

U – Uncertainty

Ungewissheit.

Vorhersehbarkeit und Berechenbarkeit nehmen rapide ab. Erfahrungen der Vergangenheit als Basis für zukünftige Planungen nützen immer weniger.

C – Complexity

Komplexität.

Das Prinzip Ursache → Wirkung ist immer weniger klar zu erkennen bzw. überhaupt vorhanden. Es entstehen mehr und mehr Geflechte verschiedenster Zusammenhänge und Ebenen.

A – Ambiguity

Mehrdeutigkeit.

„One fits all" war gestern – selten ist etwas ganz exakt oder bestimmbar. Entscheidungen erfordern Mut – auch den Mut, Fehler zu machen.

Dieses Akronym soll deutlich machen, dass wir mittlerweile in einer sehr komplexen, nicht vorhersehbaren Welt leben. Wenn im letzten Jahrhundert ein namhafter Automobilhersteller ein neues Modell geplant und auf den Markt gebracht hat, so war die Wahrscheinlichkeit für einen Erfolg hoch. Diese Sicherheit ist heute insbesondere durch die rasante, technologische Entwicklung, die weltweite Vernetzung und den damit verbundenen, größeren Wettbewerb – aber auch durch den gestiegenen Kundenanspruch – so nicht mehr gegeben.

Dank

Dieses Buch wäre nicht entstanden, wenn mein Freund und Mentor Thomas Nörber mich nicht dazu ermutigt hätte, meinen Job in der Automobilindustrie aufzugeben und mich stattdessen in das Abenteuer Freiberuflichkeit zu stürzen. Vielen Dank, lieber Thomas!

Ich danke meinem Freund und Bandkollegen Mario Renner, der mich schon vor Jahren dazu ermutigt hat, ein Buch zu schreiben – was mir damals aber noch vollkommen utopisch vorkam.

Ein großes Dankeschön an Sonja Neef, die mein Erstkontakt bei der Bewerbung um den TEDx Talk an der Universität Karlsruhe (KIT) war. Sie war von meiner Talk-Idee, die damals noch sehr vage war, begeistert und hat maßgeblich dazu beigetragen, dass ich diesen Vortrag halten durfte. Ohne diesen Vortrag wiederum wäre dieses Buch nicht entstanden.

Ich danke ganz besonders allen Lehrerinnen und Lehrern, die sich die Zeit genommen haben, mit mir zu sprechen, sich meine Ideen anzuhören, Fragen zu beantworten und mir einen Einblick in ihr Erleben des

Schulbetriebs zu geben.

Ferner möchte ich mich bei jenen bedanken, die mir Feedback zu Titelideen und Manuskript gegeben haben. Dies sind insbesondere Jill Glazer, Jens Becker, Felix und Jonas Weber, Petra Falterbaum, Nils Schäfer, Yuta Murzaite, Sylvana Drewes und Angela Trommler.

Mein ganz besonderer Dank geht auch an Andreas Eschbach, der mir freundlicherweise erlaubt hat, aus dem „König für Deutschland" zu zitieren, und auch seine Hoffnung zum Ausdruck brachte, dass mein Buch etwas dazu beitragen möge, dass sich etwas am Unterrichtssystem ändert.

Über den Autor

Kai Aselmeyer ist Unternehmensberater und Coach. Er studierte Allgemeinen Maschinenbau an der TU Darmstadt und begann seine Karriere nach Stationen in Israel und den USA in der IT Branche. Nach seinem Wechsel in die Automobilindustrie sammelte der Diplom-Ingenieur Erfahrung in verschiedenen Stationen des Produktentstehungsprozesses. So arbeitete er unter anderem in der Produktion, der Arbeitsvorbereitung und der Entwicklung. Als langjährige Führungskraft erkannte er, dass es eher die menschlichen als die fachlichen Probleme sind, die Unternehmen Schwierigkeiten bereiten und entwickelte seine Leidenschaft für die Themen des agilen Arbeitens, New Leadership und Selbstorganisation. Die Begeisterung für diese Themen bewogen ihn, sich selbstständig zu machen. Als Berater unterstützt er heute Unternehmen in der Optimierung ihrer Arbeitsprozesse, bei Veränderungen und in den Themen der Führung, des Kulturwandels und der Transformation in agile Organisationen.

Würde er heute noch einmal vor der Berufswahl stehen, so käme ein Ingenieurstudium nicht in die engere

Wahl. Wofür er sich wirklich begeistern kann – Kommunikation, Psychologie, persönliche Entwicklung und das Zusammenwirken von Menschen in Organisationen – war ihm als Abiturient nicht bewusst.

Aufgrund dieser persönlichen Geschichte hält er seit 2011 Vorträge an Schulen und Universitäten und versucht, Schülerinnen und Schülern dabei zu helfen, herauszufinden, wofür sie wirklich „brennen". Als Dozent an der Universität Karlsruhe (KIT) bringt er Studierenden die Themen Persönlichkeit, Führung und Agilität nahe.

www.new-work-old-school.de
www.ka-leadership-consulting.de